Ceisio'i Bywyd Hi

Gan **Martin Crimp**

Cyfieithiad **Owen Martell** o *Attempts on Her Life*

Cynhyrchwyd y ddrama hon gan Sherman Cymru, a'i pherfformio gyntaf yn Neuadd Buddug yn ystod Eisteddfod Genedlaethol Cymru, Meirion a'r Cyffuniau 2009, Dydd Llun 3 Awst 2009.

Cynhyrchwyd *Attempts on Her Life* gyntaf gan yr English Stage Company yn y Royal Court Theatre, Llundain.

Ceisio'i Bywyd Hi h. 2009 Owen Martell

Mae Owen Martell yn arddel ei hawl foesol i gael ei adnabod fel awdur y gwaith hwn.

Dylid cyfeirio ceisiadau am berfformiad o unrhyw fath, gan gynnwys darlleniadau neu ddetholiadau, mewn unrhyw gyfrwng neu iaith yn fyd-eang at:
Sherman Cymru, Ffordd Senghennydd, Caerdydd, CF24 4YE

Ni chaniateïr perfformiad o unrhyw fath heb sicrhau trwydded yn gyntaf. Dylid gwneud ceisiadau cyn dechrau ymarferion. Nid yw cyhoeddi'r ddrama hon yn awgrymu o anghenrhaid ei bod ar gael i'w pherfformio.

Roedd y testun yn gywir wrth iddo fynd i'r wasg ond mae'n bosibl ei fod wedi newid yn ystod y cyfnod ymarfer.

Delwedd y Clawr: Kirsten McTernan
Dylunio: Rhys Huws
Cysodwyd gan: Eira Fenn

Argraffwyd yng Nghymru gan Wasg Cambrian, Aberystwyth. Cyhoeddir y llyfr hwn gyda chefnogaeth ariannol Cyngor Llyfrau Cymru.

ISBN: 0-9551466-8-2
978-0-9551466-8-8

Noddir gan Lywodraeth Cynulliad Cymru / Sponsored by Welsh Assembly Government

Cyngor Celfyddydau Cymru
Arts Council of Wales

CARDIFF CAERDYDD

Supported by The National Lottery through the Arts Council of Wales

Cefnogwyd gan Y Loteri Genedlaethol trwy Gyngor Celfyddydau Cymru

CAST

Catherine Ayers
Clare Hingott
Aled Pedrick
Meilyr Sion

TÎM CYNHYRCHU

Awdur	Martin Crimp
Cyfieithydd	Owen Martell
Cyfarwyddwr	Arwel Gruffydd
Cynllunydd	Gerald Tyler
Goleuo a Delweddau Fideo	John Collingswood
Sain a Cherddoriaeth	Acid Casuals
Cynllunydd Sain	Gareth Evans
Rheolwr Llwyfan	Sasha Dobbs
Dirprwy Reolwr Llwyfan	Lisa Briddon
Adeiladu Set	Mathew Thomas

DIOLCHIADAU

Fernando Barrera; Clwyd Theatr Cymru; Thomas Crockett; Alicia Griffiths; Ross Hawkes; Jenny Hughes; Practical Media.

SHERMAN CYMRU

Ein nod yw cynhyrchu a chyflwyno theatr uchelgeisiol, dyfeisgar a chofiadwy ar gyfer ein cynulleidfaoedd, ac i greu cysylltiadau cryf, ymatebol a chyfoethog gyda'n cymunedau. Yn ganolog i'r gwaith mae ein hymrwymiad i greu'r theatr gorau posibl; i ddarparu rhaglen unigryw ac amrywiol i'n cynulleidfaoedd; i ymgysylltu â'n cymunedau yn y broses greadigol o greu theatr; ac i wneud cyfraniad parhaol i ddatblygiad cenedlaethol a rhyngwladol y theatr yng Nghymru. Rydyn ni'n cynhyrchu gwaith Saesneg a Chymraeg ac yn teithio'n helaeth o amgylch Cymru a'r DU.

Am fwy o wybodaeth am weithgareddau Sherman Cymru ewch i -
www.shermancymru.co.uk

Cefnogi'r Ymgyrch...
Os nad ydych eisoes wedi clywed y newyddion, yna rydym ni'n falch iawn cael dweud wrthych ein bod wedi sicrhau grant Loteri o £3.9m gan Gyngor Celfyddydau Cymru fydd yn ein galluogi i fwrw 'mlaen ag ailddatblygu Sherman. Bydd y prosiect enfawr hwn yn sicrhau y cewch chi brofiad pleserus bob tro byddwch yn ymweld â ni, a bydd yn darparu amgylchedd gwaith llawer gwell i ni.

Bydd nifer o wahanol ffyrdd i chi ein helpu i godi'r £1.5 miliwn sy'n weddill, swm sy'n angenrheidiol ar gyfer gwireddu'r newidiadau cyffrous hyn. Gallwch 'nawr gyfrannu £2 tuag at yr ymgyrch pan fyddwch yn archebu eich tocynnau i weld sioe, naill ai yn ein swyddfa docynnau, dros y ffôn neu ar-lein. Er mwyn derbyn y wybodaeth ddiweddaraf am ein gweithgareddau ymgyrchu gallwch gofrestru ar gyfer ein e-fwletinau – **www.shermancymru.co.uk/cofrestru** neu os ydych ar ein e-restr eisoes, mewn-gofnodwch i'ch cyfrif a gallwch ddewis cael y newyddion diweddaraf.

Mae Sherman Cymru yn cydnabod buddsoddiad cyhoeddus Cyngor Celfyddydau Cymru a Chyngor Caerdydd. Ni fyddai'n bosib i ni barhau â'n gwaith heb eu cefnogaeth. Ar hyn o bryd cefnogir ein gwaith Dysg ac Ymgysylltu gan Sefydliad Paul Hamlyn a Sefydliad Rayne. Mae rhai o'n cynyrchiadau diweddar hefyd wedi derbyn cefnogaeth gan Barclays, Arts & Business Cymru, Sefydliad Esmée Fairbairn, Ymddiriedolaeth Oakdale a Sefydliad Peggy Ramsay.

STAFF SHERMAN

Cyfarwyddwr
Chris Ricketts

Rheolwr Cyffredinol
Margaret Jones

Cyfarwyddwyr Cyswllt
Arwel Gruffydd
Amy Hodge

Cyswllt Artistig
Elen Bowman

Cyd-lynydd Artistig
Kate Perridge

Rheolwr Llenyddol
Sian Summers

Cynorthwy-ydd Llenyddol
Branwen Davies

Gweinyddwr
Elin Partridge

DATBLYGU

Pennaeth Datblygu
Emma Goad

Rheolwr Apêl
Suzanne Carter

CYLLID

Pennaeth Cyllid
Michael Gowing

Cynorthwy-ydd Cyllid
Marion Price

DYSG AC YMGYSYLLTU

**Pennaeth Dysg ac Ymgysylltu
(absenoldeb dros dro)**
Jess Naish

**Pennaeth Gweithredol Dysg ac
Ymgysylltu**
Phillip Mackenzie

**Cyd-lynydd Acting Out
Caerdydd**
Jason Camilleri

**Cyfarwyddwyr, Ymrwymiad â'r
Gymuned**
Llinos Mai
Jason Camilleri

**Cynorthwy-ydd Dysg ac
Ymgysylltu**
Heather Jones

**Cynorthwy-ydd Gweinyddiaeth
ac Estyn Allan**
Fleur Missaghian

**MARCHNATA A
CHYSYLLTIADAU
CWSMERIAID**

**Pennaeth Marchnata a
Chysylltiadau**
Haleh Tozer

**Rheolwr Cysylltiadau
Cyhoeddus ac Ymgyrchu**
Alice Baynham

Swyddog Marchnata a'r We
Jenny Boyatt

Swyddog Marchnata
Bethan Way

Rheolwr y Swyddfa Docynnau
Laura Brayford

**Cynorthwy-wyr y Swyddfa
Docynnau**
Jane Allison
Alison King
Rachel McGrath

Rheolwr Tŷ
Marina Newth

**CYNHYRCHU A
GWEITHREDIADAU**

**Pennaeth Cynhyrchu a
Gweithrediadau**
Nick Allsop

Prif Drydanwr
Rachel Mortimer

Dirprwy Drydanwr
Katy Stephenson

Dirprwy Drydanwr (Sain)
Gareth Evans

Rheolwr Llwyfan Technegol
Gareth Gordon

Rheolwr Gwisgoedd
Deryn Tudor

Derbynyddion Drws y Llwyfan
Jane Allison
Helen Beveridge
Iain Goosey
Anna Harries
Glenn Jones
Brenda Knight
Ceri Mill

Catherine Ayers

Hyfforddwyd Catherine yng Ngholeg Brenhinol Cerdd a Drama Cymru.

Theatr
Beauty and the Beast (Sherman Cymru); *The Sale* (Catalan Theatre Festival – Made in Wales/Parthian); *Guys and Dolls, Y Byd a'i Brawd, An Experiment With An Air Pump, The Importance Of Being Earnest, Taming of the Shrew* (Coleg Brenhinol Cerdd a Drama Cymru).

Teledu a Ffilm
Yn cynnwys: *High Hopes, Pobol y Cwm* (BBC Cymru); *Cowbois ac Injans, Caerdydd, Steddfod Arall, Iechyd Da, Mawr, Can i Gymru, Darn o Dir, Beryl, Cheryl a Meryl, SOS Galw Gari Tryfan* (S4C).

Radio
Cymru ar Brawf (Radio Cymru).

Clare Hingott

Hyfforddwyd Clare yng Ngholeg Brenhinol Cerdd a Drama Cymru.

Theatr
Yn cynnwys: *Cariad Mr Bustl* (Theatr Genedlaethol Cymru); *Night Flight* (Germination); *A Kiss On The Bottom, Loose Ends* (Grassroots Productions); *The Witches* (Birmingham Repertory Theatre); *Pinocchio* (Sherman Theatre Company); *Cinderella* (Owen Money Productions); *Absent Friends* (Chapter Arts/Torch Theatre); *Whale Music* (Coleg Brenhinol Cerdd a Drama Cymru).

Teledu a Ffilm
Yn cynnwys: *Dau Dy A Ni* (HTV Cymru); *Emyn Roc a Rol, The Mees, Gwawr, O'r Llawr i'r Llwyfan* (S4C); *Pink Pain* (Kodak).

Radio
Gwir Pob Gair! (Radio Cymru).

Aled Pedrick

Hyfforddwyd Aled yn y Guildhall School of Music and Drama.

Theatr
The Nutcracker (Theatre Royal Bath); *City of Angels, Semi-Monde, August, The London Cuckolds, The Revengers Tragedy, Twelfth Night, Oedipus* (Guildhall School of Music & Drama); *A Night At The Shows* (BBC Wales).

Teledu
Doctor Who (BBC Cymru); *Con Passionate* (S4C).

Radio
Rhydeglwys (Radio Cymru).

Meilyr Sion

Theatr
Yn cynnwys: *Dan y Wenallt* (Theatr Gwynedd); *Flora's War* (Clwyd Theatr Cymru); *Hamlet* (Wales Theatre Company); *Everything Must Go, Pinocio* (Sherman Theatre Company); *The Importance of Being Earnest* (Mappa Mundi).

Teledu a Ffilm
Yn cynnwys: *Teulu, Dirgelwch Yr Ogof* (S4C); *1926* (HTV Cymru); *Pobol Y Cwm, Holby City, High Hopes* (BBC).

Radio
Cymbeline (Radio 3); *The Fish Can Sing, What We Did on Our Holidays* (Radio 4); *Leaving, Trouble Brewing, The Harder they Fall* (Radio Wales); *Radio Cwm Cwat* (Radio Cymru).

Martin Crimp
Awdur

Ganwyd Martin Crimp ym 1956 a dechreuodd ysgrifennu ar gyfer y theatr yn yr 1980au.

Mae ei ddramâu yn cynnwys: *The City, Fewer Emergencies, Cruel and Tender, Face to the Wall, The Country, Attempts On Her Life, The Treatment, Getting Attention, No One Sees the Video, Play with Repeats, Dealing with Clair, Definitely the Bahamas.*

Mae ganddo berthynas glos â'r Royal Court Theatre (ble'r oedd yn Awdur Preswyl ym 1997), Young Vic a'r National Theatre (ble cynhyrchwyd yr ail-lwyfaniad sylweddol cyntaf o *Attempts on Her Life* yn y DU). Mae ei waith wedi ei gyfieithu'n helaeth ac wedi ymddangos ar nifer o lwyfannau Ewropeaidd gan gynnwys Bouffes du Nord a Théâtre de la Colline ym Mharis, y Festwochen yn Fiena, a'r Schaubühne ym Merlin. Cynhyrchwyd *The Treatment* (enillydd Gwobr John Whiting) yn y Public Theater yn Efrog Newydd yn yr un flwyddyn a'r perfformiad byd cyntaf yn y Royal Court, ac yn 1998 enillodd Tony Award yn y category Best Revival of a Play am ei gyfieithiad o *The Chairs* gan Ionesco. Mae hefyd wedi cyfieithu gweithiau gan Koltès, Genet, Marivaux, Molière a Chekhov.

Owen Martell
Cyfieithydd

Ganwyd Owen Martell ym 1976 ym Mhontneddfechan. Astudiodd lenyddiaeth ym Mhrifysgol Aberystwyth a Phrifysgol Rhydychen.

Tra'n fyfyriwr ym Mhrifysgol Aberystwyth ysgrifennodd ei nofel Gymraeg gyntaf, *Cadw Dy Ffydd, Brawd,* ac enillodd Wobr Llyfr y Flwyddyn Cyngor Celfyddydau Cymru yn 2001. Cyrhaeddodd ei ail nofel, *Dyn yr Eiliad,* rhestr fer ar gyfer yr un wobr yn 2004 ac, yn ôl un beirniad, mae hon *"yn garreg filltir ym myd ffuglen Cymraeg diweddar".* Cyhoeddwyd *Dolenni Hud,* casgliad o straeon byrion mewn cydweithrediad â'r ffotograffydd Simon Proffitt, yn gynharach eleni.

Arwel Gruffydd
Cyfarwyddwr

Graddiodd Arwel o CPGC, Bangor, cyn mynd ymlaen i hyfforddi fel actor yng ngholeg drama Webber Douglas, Llundain. Mae'n un o gyfarwyddwyr cwmni theatr Torri Gair ac yn Gyfarwyddwr Cyswllt Sherman Cymru.

Cyfarwyddo Theatr
Yr Argae (Sherman Cymru/Torri Gair), *Maes Terfyn* (Sherman Cymru); *Croendenau, Agamemnon, O'r Gegin i'r Bistro* (Coleg y Drindod); *Noson i'w Chofio, Gwe o Gelwydd* (Cwmni Inc); *Mae Sera'n Wag* (Sgript Cymru/Prosiect 9); *Hedfan Drwy'r Machlud* (Sgript Cymru/Coleg Brenhinol Cerdd a Drama Cymru); *Teyrnged i'r Diweddar Graham Laker* (Theatr Gwynedd); *Life of Ryan.... and Ronnie* (Sgript Cymru – Cyfarwyddwr Cynorthwyol).

Cyfarwyddo Ffilm
Amser Chwarae, Cyn Elo'r Haul (Ffilmiau Unnos); *Y Consuriwr* (Teledu Opus).

Theatr, Teledu a Ffilm
Fel actor yn cynnwys: *Under Milk Wood* (Royal & Derngate, Northampton); *Diweddgan* (Theatr Genedlaethol Cymru); *Drws Arall i'r Coed, Diwrnod Dwynwen* (Sgript Cymru); *Amadeus, Ddoe Yn Ôl, Y Werin Wydr* (Cwmni Theatr Gwynedd); *Breathing Space, Combrogos* (Theatr Gorllewin Morgannwg); *Troflan; Bob a'i Fam; Cyw Haul; Heidi; Eldra; Oed yr Addewid; Atgof; Hwyl Byw; Sgid Hwch; Hedd Wyn; Stormydd Awst.*

Gerald Tyler
Cynllunydd

Mae Gerald yn Gyfarwyddwr Artistig Year of the Bear Performance Company (*Big Hands, Something's Wrong with Abel*).

Roedd Gerald yn un o sylfaenwyr y cwmni o Gaerdydd, Earthfall, ac mae wedi gweithio fel perfformiwr, dyfeisiwr a chynllunydd gyda'r cwmni, gan gynnwys y cynhyrchiad mwyaf nodedig *At Swim Two Boys*.

Mae hefyd wedi creu amgylcheddau theatrig ar gyfer Volcano Theatre Company, Scottish Dance Theatre, Brith Gof ac Errol White Dance.

John Collingswood
Goleuo a Delweddau Fideo

Graddiodd John mewn Celfyddyd Gain o Goleg Addysg Uwch Gwent yn 1992.

Ers hynny mae e wedi gweithio ar nifer o brosiectau diddorol yn amrywio o greu pypedau ar gyfer theatr i blant i greu sain-weddau cydweithiol dyfeisiedig.

Mae John hefyd yn gweithio fel DJ ers blynyddoedd maith ac yn darparu cymorth creadigol a thechnegol ar gyfer amrywiaeth o brosiectau dawns a pherfformio lleol a rhyngwladol.

Acid Casuals
Sain a Cherddoriaeth

Mae Acid Casuals yn fand electronig amlgyfrwng sydd yn adnabyddus am eu cerddoriaeth flaengar, arbrofol. Maen nhw hefyd wedi rhedeg label ffasiwn ac oriel gelf.

Rhyddhawyd y senglau *Filthy Pitch/Cod,; Wa Da Da a Bowl Me Over* cyn rhyddhau eu halbwm *Omni* yn 2006. Eu sengl diweddaraf, a rhyddhawyd ddiwedd Gorffennaf ar eu label eu hunain – sombom – yw *Music Maschine*.

Mae aelodau'r band wedi cynnwys: Cian Ciarán, Kev Tame, Llyr Evans, Kris Jenkins, Jon Calcio a Peter Carter. Yr aelodau sy'n gysylltiedig â'r prosiect yma yw Cian Ciarán a Peter Carter, gyda Peter yn ymddangos ar y llwyfan.

Ceisio'i Bywyd Hi

Gan **Martin Crimp**

Cyfieithiad **Owen Martell** o *Attempts on Her Life*

Fydd neb wedi cael profiad uniongyrchol o union achos y digwyddiadau hyn, ond bydd pawb wedi derbyn delwedd ohonynt.

Baudrillard

CEISIO'I BYWYD HI

Gwaith ar gyfer cwmni o actorion y dylai'i gyfansoddiad adlewyrchu cyfansoddiad y byd y tu hwnt i'r theatr.

Mae cyplysnod (–) ar ddechrau llinell yn arwyddo llefarydd newydd. Os nad oes yna gyplysnod yn dilyn saib, mae'r un cymeriad ag o'r blaen yn dal i siarad.

Mae slaes (/) yn nodi'r pwynt lle dylai'r llefarydd nesaf ddechrau; hynny yw, lle y dylai dorri ar draws y siaradwr presennol.

Wrth lwyfannu'r ddrama, gellir hepgor yr olygfa gyntaf, ALL MESSAGES DELETED.

17 SENARIO AR GYFER Y THEATR

1 ALL MESSAGES DELETED

2 TRASIEDI CARIAD AC IDEOLEG

3 FFYDD YNOM NI EIN HUNAIN

4 Y PRESWYLYDD

5 MAE'R CAMERA'N DY GARU

6 MAM A DAD

7 YR ANNY NEWYDD

8 FFISEG GRONYNNAU

9 BYGYTHIAD TERFYSGAETH RYNGWLADOL™

10 KINDA DDONIOL

11 DIDEITL (100 GAIR)

12 RHYFEDD!

13 CYFATHREBU Â BODAU ARALLFYDOL

14 Y FERCH DRWS NESA

15 DATGANIAD

16 PORNÓ

17 PREVIOUSLY FROZEN

1

ALL MESSAGES DELETED

bîp

– Ann. (*Saib*) Fi sy' 'ma. (*Saib*) Dw i'n ffonio o Fiena.
(*Saib*) Na, sori, o . . . Brâg. (*Saib*) Dw i'n ffonio o Brâg.
(*Saib*) Ie, Prâg, dw i'n eitha' siŵr taw . . . Beth bynnag,
gwranda (*anadl*) Ann . . . (*anadl*) o'n i ishe ymddiheuro.
(*Anadl*) Dw i'n sylweddoli bo fi wedi rhoi loes i ti, 'y nghariad
annwyl i, a . . . (*anadl*) O. Damo. Gwranda, ma' rhywun ar y
lein arall, Ann. Mae'n wir ddrwg 'da fi ond ma' rhaid rhaid
i fi gymryd yr alwad. Ffonia i ti nôl.
                                              'Monday 8.53 am'

bîp

– Ann. Hi. Gwranda. Dim ond munud sy' 'da fi. Wyt ti
yna? Na? OK. Gwranda. Y peth yw hyn. Beth o'n ni'n
trafod – ti'n cofio? Wel beth am hyn, beth am hyn, beth os,
beth os taw, beth tasen ni'n dweud . . . bod enwau gan y
coed? Iawn? Ie, bod enwau gan y coed. Ti bown' o fod yn
meddwl – wy'n gwbod – bo' fi off 'y mhen. Ond beth tasen
ni jyst yn derbyn am foment bod gan y coed enwau. A beth,
beth tasen ni'n dweud wedyn, beth os taw . . . *ei choeden hi
oedd hi.* Shit. 'Wy'n flin. Ma' nhw'n galw'n flight ni, ma'
rhaid i fi fynd. Ond ystyria'r peth. Bod gan y coed enwau. A
taw ei choeden hi yw un ohonyn nhw. Well i fi siapo'i.
                                              'Monday 9.35 am'

bîp

– (*Wedi'i lefaru mewn iaith arall e.e. Rwsieg**) Ti'n gwbod pwy
sy' 'ma. Gad y ddyfais mewn fan y tu ôl i'r adeilad. Fe gei di'r
fan gan Barry. Bydd gyda fe fwy o gyfarwyddiadau i ti.
                                              'Monday 11.51 am'

1

– . . . O. Helô? Mam sy' 'ma . . .

'Monday 1.05 pm'

bîp

– Helô, Sally o Cooper's sy' 'ma. Jyst i adel i chi wbod bod y car wedi cyrraedd y showroom a gallech chi ddod i pigo fe lan. Diolch.

'Monday 1.06 pm'

bîp

– Ni'n gwbod lle ti'n byw, y fucking ast. Ti'n *dead*, basically. Yr holl bethau yna 'nes di. Ni ddim yn anghofio. (*Saib*) Ti'n mynd i ddifaru i ti gael dy eni.

'Monday 1.32 pm'

bîp

– . . . Ann? Helô? Mam sy' 'ma eto. (*Saib*) Geson ni dy garden bost. (*Saib*) Edrych yn neis iawn. (*Saib*) A'r llun. Ti yw hwnna? (*Saib*) Falch bo ti'n neud ffrindiau a phethe. (*Saib*) Y peth yw, Ann, does dim arian gyda ni i'w ddanfon. Dw i wedi siarad gyda dy dad ac mae e'n dweud na, dyw e ddim yn bosib.

Clywn lais dyn yn y cefndir: 'Dim un geiniog arall. Gwna di hwnna'n glir.' Mae'r fam yn ateb: 'Ie, iawn. Ddweda' i wrthi.' Cyn siarad i mewn i'r ffôn eto.

Mae'n ddrwg 'da fi, Ann cariad, ond allwn ni ddim. Ddim bob tro ma'. . .

Llais y dyn eto: 'Os na ddwedi di wrthi, rho'r blydi ffôn i fi. Fe siarada' i â hi.'

Gwranda, ma' rhaid i fi fynd nawr, cariad. Ma' dy dad yn gweud helô. Iawn? God bless.

'Monday 2.20 pm'

bîp

– Ann? Ti yna? Cod y ffôn, Annie. (*Saib*) Iawn . . . Mae'n chwarter wedi deg fan hyn ym Minnesota. Ni jyst yn ffonio i ddweud bo' ni'n meddwl amdanat ti ac yn gweddïo drosto ti, Annie. A bo' ni'n dy garu di'n fawr iawn.

'Monday 4.13 pm'

bîp

– Ann? Gwych. Ardderchog. Mae'n symud dyn. Mae'n amserol. Mae'n ysigol. Mae'n ddoniol. Mae'n secsi. Mae'n hynod ddwys. Mae'n ddifyr. Mae'n ein goleuo ni. Mae'n ddirgel. Mae'n dywyll. Dylen ni gwrdd. Ffonia fi.

'Monday 10.21 pm'

bîp

– Ann. Gad i fi ddweud wrtho ti be' dw i'n mynd i 'neud i ti. Gynta i gyd, ti'n mynd i sugno 'nghoc i. Wedyn dw i'n mynd i ffwcio ti yn dy dîn. Gyda potel wedi torri. A jyst y dechre fydd hwnna. Y gont fach frwnt.

'Monday 10.30 pm'

bîp

– Ann?

Cod y ffôn. (*Saib*) 'Wy'n gwbod bo ti yna. (*Saib*) 'Sdim pwynt cuddio, Ann. Cuddio rhag beth? (*Saib*) Rhag y byd? Cuddio dy hun rhag y byd, Ann? Come on. Tyfa lan. Tyfa lan, Ann, a cod y ffôn.

Saib.

Beth yw hyn 'te? Cri am help? Paid dweud wrtha' i taw cri am help yw hyn. Oherwydd beth yn gwmws wyt ti'n dishgwl i fi

3

wneud? Mm? (*Saib*) A beth os wyt ti'n gorwedd yna, Ann, wedi marw'n barod? Mm?

Dyna'r senario 'wy fod i ddychmygu?

Corff marw, yn pydru ar bwys y peiriant ateb?

Chwerthiniad ysgafn, saib.

Y beth, y cynrhon yn gwrando ar dy negeseuon?
Neu falle bod yr adeilad cyfan wedi cael ei ddinistrio. Neu'r *ddinas* gyfan hyd yn oed.
Y meysydd awyr a'r siopau sgidiau. Y theatrau a'r caffis ffasiynol yn yr hen warysau ger yr hen gamlesi. Y caffis yna â'r goleuadau halogen. Mm?

Chwerthiniad ysgafn.

Felly dim ond y cynrhon sy'n gwrando ar dy negeseuon di.
Yn gwrando arna i'n siarad wrth iddyn nhw gladdu'u hunain yn dy berfeddion.

Saib.

'Wy'n dechre teimlo'n morbid, Ann.
Fe ddylet ti godi'r ffôn, a gwneud i fi wenu, fel o't ti'n arfer gwneud.
'Wy'n gwbod bo ti yna.
'Wy'n gwbod bo ti yna, Ann. Ac fe atebi di, 'wy'n gwbod, dim ond i fi fod yn amyneddgar.

Saib.

Ti'n mynd i'n ateb i, Ann, on'd wyt ti.

4

'Tuesday 12.19 am'
'That was your last message.
To save all messages press one.'

Saib.

'All messages deleted.'

---

* *Iaith y Wladwriaeth Tsiec yw'r cyfarwyddyd yn y Saesneg.*

2

TRASIEDI CARIAD AC IDEOLEG

- Haf. Afon. Ewrop. Dyma'r elfennau craidd.

- Ac afon yn llifo drwyddi.

- Afon, ie, yn hollol, yn llifo trwy un o ddinasoedd mawr
  Ewrop a chwpwl wrth ei glannau. Dyma'r elfennau craidd.

- Y ferch?

- Ifanc a phrydferth, yn naturiol.

- A'r dyn?

- Hŷn, sensitif, pwysau'r byd, yn naturiol.

- Dyn sensitif ei natur ond mae e hefyd yn bwerus, dyn
  mewn awdurdod, ac mae e'n gwbod nad yw hyn yn iawn.

- Ma'r ddau ohonyn nhw'n gwbod nad yw e'n iawn.

- Ma' nhw'n gwbod nad yw e'n iawn ond 'dyn nhw ddim yn
  gallu / peidio. Yn gwmws.

- Ma' nhw'n caru yn fflat y dyn.

- Ma' nhw'n beth?

- Yn caru. Caru yn fflat y dyn. Fflat foethus, yn naturiol, â
  golygfa dros y ddinas gyfan. Dyma'r / elfennau craidd.

– Panorama o'r ddinas gyfan. Geometry swynol y toeon. Y ffenestri bach yn y to a'r simneiau henffasiwn. A'r tu hwnt i'r aerials teledu, mae 'na gofebion diwylliannol: Duomo Fflorens, bwa mawr La Défense, Colofn Nelson a Phorth Brandenbwrg / i enwi ond pedair.

– Mae'r fenyw'n griddfan. Mae'i gwallt euraid yn rhaeadru, fel petai, dros ochr y gwely. Mae'n gafael yn dynn yn ffrâm y gwely, cymalau'i bysedd yn wyn. Mae 'na ddagrau / yn ei llygaid.

– Mae'r fflat yn fendigedig.

– Wel wrth gwrs bod y fflat yn fendigedig. Nenfydau uchel, ffenestri tal, yn naturiol. Wedi'i hadeiladu tua diwedd y bedwaredd ganrif ar bymtheg, mae'n siŵr, pan welwyd ffrwydrad o fentrau adeiladu a hynny ar y cyd ag awydd y bourgeoisie eangfrydig i greu prosiectau pensaernïol ar raddfa fawr. Dw i'n meddwl yn benodol, hynny yw, dw i'n meddwl *er enghraifft* am y Ringstrasse yn Fiena, wnaeth gymaint o argraff ar yr Adolf Hitler ifanc wrth iddo fe sefyll un bore / o flaen yr Opera.

– Neu un o'r boulevards crand / ym Mharis.

– Neu, yn hollol, un o'r boulevards crand / ym Mharis.

– Ac yn y cyfamser, mae'i gwallt hi, fel ddwedes' ti, yn rhaeadru fel petai dros ochr y gwely. Mae hi'n gafael yn y ffrâm, cymalau'i bysedd yn wyn. Ei llygaid led y pen nawr, wrth iddo fe –

– Wel, mae e'n rhochian.

– Rhochian?

– Rhochian, ie. Ond yn sensitif. Rhochian sensitif dyn deniadol, dyn mewn awdurdod, nid rhochian mochyn neu fecanic yn gorwedd ar ei gefn mewn garej llawn olew yn trio trwsio car gyda'r sbaner anghywir.

– O na, ddim o gwbl.

– Na, ddim o gwbl. Rhochian meistrolgar dyn sy'n bwyta'i frecwast ar un cyfandir a'i ginio ar un arall, hedfan first class, napkins lliain gwyn a rhestr win gynhwysfawr.

– Y math yna o ddyn.

– Y math yna o rochian.

– Y math yna o olau.

– Pa fath o olau?

– Y math o olau sy'n llifo drwy ffenestri. Yn llifo drwy'r ffenestri tal ac yn trawsffurfio'u cyrff yn un màs euraid.

– Màs o egni nwyd.

– Y golau, y màs egnïol euraid, dyma'r / elfennau craidd.

– Ond dyma ryw olwg ar ei hwyneb yn sydyn.

– Beth?

– Rhyw olwg.

– Ansicrwydd.

– Mae 'na olwg o ansicrwydd, ie, go dda, ar wyneb Ann.

- Hyd yn oed nawr.

- Hyd yn oed nawr, yn / anterth ei nwyd.

- Hyd yn oed nawr yn anterth ei nwyd daw rhyw fath o gysgod dros ei hwyneb.

- Cysgod rhagrybuddiol.

- Rhagrybuddiol?

- Ie, cysgod rhagrybuddiol, ar ei hwyneb.

- Ydy hwnna'n air?

- Ydy beth yn air?

Saib.

- Rhagrybuddiol. Ydy, wrth gwrs bod e.

- Nes ymlaen. Fin nos.

- Goleuadau'r ddinas fin nos. Llinynnau o olau, yn hongian fel sêr ar hyd y glannau ac ar y pontydd. Goleuadau rhybudd coch yn fflachio ar ben y tyrrau a'r mastiau teledu. Y dyn yn siarad ar y ffôn. Ei lais yn dawel. Cipolygon pryderus.

- Ann yn deffro yn y gwely mawr solet, y gwely mawr o bren y gollen Ffrengig. Mae hi'n clywed y llais gwrywaidd tawel yn yr ystafell nesaf. Mae'r cloc Louis Quatorze cywrain wrth ei hochr yn taro tri – bugail euraid noeth pitw pitw yn taro cloch fach aur rhwng dannedd blaidd enamel; cyfeiriad, yn ddi-os, at chwedl hynafol oedd yn adnabyddus i aelodau

9

cymdeithas fonedd Ffrainc yr ail ganrif ar bymtheg ond sydd wedi'i cholli erbyn hyn am byth.

– Ding ding ding.

Saib.

– Tri y bore. Ann yn deffro. Mae hi'n clywed y llais. Cynnau sigarét. Ymddangos yn y drws. Deialog.

– Pwy oedd yna? meddai hi.

– Dim byd. Neb, meddai e.

– Pwy fuck oedd yna? meddai hi. Diwedd y ddeialog.

– Ac mae hi'n grac nawr – ie, yn gwmws, diwedd y ddeialog – ac mae hi'n grac nawr. Mae hi'n grac oherwydd mae hi'n gwbod yn iawn pwy oedd yna.

– Ei feistri gwleidyddol / yn ei alw.

– Ei feistri gwleidyddol, cywir, yn ei alw. Fel maen nhw wedi'i alw e erioed. Yr union feistri gwleidyddol y mae hi'n eu casáu fel petai â phob gewyn yn ei chorff. Yr union ddynion a menywod y mae hi, Ann, yn ei delfrydiaeth ifanc, yn ystyried eu bod yn gyfrifol am anghyfiawnder oesol y byd.

– Yr arweinwyr sydd, yn ei barn naïf ac angerddol hi, wedi distrywio popeth y mae hi'n ei ystyried yn werthfawr, a hynny yn enw (a) busnes a (b) laissez-faire.

– Yn enw (a) rhesymoliad a (b) / menter.

– Yn enw (a) unigolyddiaeth honedig a (b) / dewis honedig.

– Mewn geiriau eraill, elfennau craidd trasiedi gyfan.

– Mae 'na drasiedi gyfan, hollol, yn bwrw'i chwrs o flaen ein
  llygaid, ym Mharis, Prâg, Fenis neu Berlin – i enwi ond
  pedair – wrth i'r lleuad oren lawn godi dros nendyrau'r
  Dadeni, dros balasau Baróc, dros erddi swolegol a
  gorsafoedd rheilffordd y bedwaredd ganrif ar bymtheg, a
  thros slabiau Modernaidd y blociau o fflatiau cymdeithasol
  sy'n enghreifftio'r wers bod *ffurf yn gaeth i swyddogaeth.*

– Bod ffurf yn gaeth i swyddogaeth.

– Y drasiedi gyfan hon / o gariad.

– Y drasiedi gyfan hon / o ideoleg a chariad.

– Mae hi'n diffodd ei sigarét.

– Mae hi'n dechrau gweiddi.

– Mae hi'n dechrau'i guro â'i dyrnau.

– Mae hi'n dechrau'i frathu â'i dannedd.

– Mae hi'n dechrau'i gicio â'i thraed gwyn noeth.

– Mae hi'n curo ac yn curo / ac yn curo.

– Mae hi'n curo ac yn curo. Ac mae'r cloc cywrain sydd wedi
  goroesi dau chwyldro a thair canrif yn chwalu'n deilchion
  ar y llawr parquet llyfn llathredig wrth iddi frathu a chicio.

– Mae'r bugail pitw pitw a'r gloch bitw bitw yn diflannu – twts
  bach neis – yn diflannu am byth dan y gwely solet / o bren y
  gollen Ffrengig.

– Tan iddi stopio i dynnu anadl. Beth os ddwedwn ni'i bod hi'n stopio yn y fan hon, o'r diwedd, i dynnu anadl.

– Y ferch?

– Mae'r ferch, Ann, ie, yn stopio i dynnu anadl.

Saib.

– A fe?

– Mae e'n edrych ar y llawr.

– Ie.

– Mae e'n codi'i ben i edrych arni.

– Ie.

– Mae e'n rhoi'i ddwylo am / ei hwyneb dagreuol.

– Mae e'n rhoi'i ddwylo am wyneb dagreuol Ann ac yn ei ddal fel tasai'n grair gwerthfawr.

– Neu bêl rygbi.

– Fel 'se fe'n dal crair arian gwerthfawr neu, fel 'wedest ti, pêl rygbi jyst cyn iddo fe anelu cic adlam. Mae e'n rhoi'i ddwylo am ei hwyneb dagreuol, dig.

– Mae e'n dal i'w charu.

– Er gwaetha'r gwahaniaethau ideolegol – ydy, ti'n iawn – mae e'n dal i'w charu. Araith.

– Un dydd, Ann, mae e'n dweud, byddi di'n deall fy myd i.
  Un dydd, Ann, byddi di'n deall bod rhaid talu am bopeth,
  bod rhaid talu hyd yn oed am dy ddelfrydau di. Diwedd yr
  araith. Yn y fan hon mae e'n estyn ei law i fwytho'r gwallt
  gwlyb o'i gwefusau ac yn ei chusanu. Dyma'r / elfennau
  craidd.

– Mae e'n ei chusanu ac yn ei gwthio'n ôl yn ysgafn ar y
  gwely. Neu mae hi'n ei wthio fe. Gwell fyth: *hi* sy'n ei wthio
  fe, cymaint yw ei hansicrwydd emosiynol, ei chwant rhywiol,
  cymaint ei hanallu i wahaniaethu rhwng da a drwg yn ei
  hangerdd hollgynhwysol yn y fflat foethus hon gyda'r
  nenfydau uchel a'r gwely solet o bren y gollen Ffrengig, y
  llawr parquet llathredig, a'r grand piano o wneuthuriad
  Pleyel tua 1923. Mae *hi*'n ei wthio *fe*'n ôl ar y gwely a hynny,
  dylid nodi, heb unrhyw arwydd eu bod nhw'n defnyddio
  unrhyw ddull ymarferol o atal cenhedlu nac o atal lled
  heintiau rhywiol, gan gynnwys feirws AIDS, sef – o roi'i
  enw cywir iddo – feirws diffyg imiwnedd dynol, sy'n cael ei
  adnabod / ar lafar fel HIV.

– Portread o ferch ifanc yn arlunio y tybiwyd ei fod yn waith
  gan David ond sydd erbyn hyn yn cael ei gydnabod fel gwaith
  ei gyfoeswraig Constance Charpentier. Stympiau tri sigarét
  mewn blwch-llwch trionglog melyn â'r enw 'Ricard' arno ac
  ychydig o lwch llwyd mân.

Saib.

– Trasiedi fawr mewn geiriau eraill / – cariad.

– Trasiedi fawr – hollol – ideoleg / a chariad.

– Dyma'r elfennau craidd.

3

FFYDD YNOM NI EIN HUNAIN

Tawelwch.

- Mae'r gorffennol cyfan yno ar ei hwyneb. Wedi'i 'sgrifennu yno fel hanes. Hanes ei theulu. Hanes y tir ei hun – y tir hwn lle mae'i theulu wedi byw ers cenedlaethau.

Tawelwch.

- Dyffryn.

- Dyffryn – ie – yng nghesail y mynyddoedd.

- Dyffryn yng nghesail y mynyddoedd, lle maen nhw'n cynnal eu traddodiadau ers cenedlaethau. Coed ffrwythau.

- Maen nhw'n plannu coeden ffrwythau yn enw pob plentyn gaiff ei eni yn y dyffryn. Maen nhw'n cynnal rhyw fath o seremoni.

- Seremoni ffurfiol hyd yn oed, allet ti ddweud.

- Maen nhw'n cynnal rhyw fath o seremoni ffurfiol yn y pentre. Ac ers cenedlaethau, mae'r seremoni ffurfiol yma wedi'i chynnal ar achlysur geni pob plentyn.

- Mewn geiriau eraill, mae gan y coed enwau.

- Mae gan y coed enwau yn union fel y mae gan y trigolion enwau. Y person a'r goeden. Anya y fenyw ac Anya y goeden.

– Mae gan y coed enwau, a'r glaswellt hefyd. Oherwydd mae
bywyd mor *werthfawr*, maen nhw'n *teimlo braint* bywyd,
mae pethau'n *fyw*, yn *gysegredig* – a chymaint felly fel bod
gan bob blewyn o laswellt enw. Mae'n anodd i ni *ddeall*.

– Mae'n anodd i ni ddeall y bywyd cysegredig hwn; mae'r
syniad yma o gyflawnder bywyd y tu hwnt i'n dirnadaeth
ni; mae aruthredd y peth yn gwneud i ni deimlo'n fach.

– Ond nawr – distryw.

Tawelwch.

– Beth?

– Distryw. Mae harmoni'r cenedlaethau / wedi'i chwalu.

– Yn gwmws. Mae'r byd diogel hunangynhaliol yma wedi'i
rwygo'n ddau.

– Harmoni'r cenedlaethau wedi'i chwalu. Y menywod wedi'u
treisio. Y plant bach wedi'u diberfeddu.

– Y merched wedi'u treisio a'u diberfeddu. Mae'r dynion
wedi hacio'i gilydd yn ddarnau mân.

– Brawd wedi lladd brawd.

– Cefnder wedi llofruddio cefnder. Brawd wedi treisio
chwaer.

– Brawd – brawd, ie – wedi treisio chwaer a'r cŵn nawr yn
crafu drwy'r gweddillion.

– Mae'r petrol oedd yn arfer cael ei ddefnyddio i bweru'r hen

dractorau ac i gynhyrchu trydan ar gyfer yr hen setiau
teledu du a gwyn wedi'i ddefnyddio i roi pobl ar dân.

– Ie.

– I'w rhoi nhw ar dân yn y lle cyntaf ac, yn awr, er mwyn
atal heintiau rhag lledu, i losgi'r cyrff.

– Pobl wedi'u llosgi'n fyw. Nwyon oer y petrol yna'r rhuthr
o fflamau gwynias. Pobl ar dân yn rhedeg drwy'r coed
ffrwythau sy'n dwyn eu henwau, yn llosgi'r dail, yn rholio
mewn artaith yn y glaswellt, a'r milwyr yn chwerthin am
eu pennau.

– Mae'r milwyr yn chwerthin er bod y bobl yma'n gefndryd
iddyn nhw, yn rhieni iddyn nhw; eu / *mamau a'u tadau'u
hunain*.

– Llosgi'u *rhieni'u hunain* yn y berllan gysegredig. Eu llosgi
nhw'n fyw a chwerthin.

– Neu'u claddu nhw'n fyw. Eu claddu nhw'n fyw, at eu
gyddfau, yn y tir ffrwythlon, cyn chwalu'u penglogau â
rhaw. Mae ganddyn nhw enw arbennig am hynny.

– 'Y blodyn.'

– Ie, 'na ti. 'Y blodyn'.

Tawelwch.

– Ac mae'r cyfan oll yno ar ei hwyneb.

– Beth?

– Ar ei hwyneb. Ar ei hwyneb hi.

– Ar wyneb Anya. Does dim angen geiriau. Mae hi y tu hwnt i eiriau. Ei gwefusau. Mae'i gwefusau hi'n crynu ond dyw'r geiriau ddim yn dod.

– Mae geiriau'n annigonol.

– Ydyn. Mae hi'n sefyll ger coeden eirin â phetalau gwyn delicet arni ac mae geiriau'n boenus o annigonol.

– Coeden eirin.

– Coeden eirin â phetalau gwyn delicet arni. A dyma'r foment . . .

– Ie.

– Dyma'r foment y sylweddolwn ni taw *ei choeden hi yw hon.*

– *Dyma'i choeden hi,* coeden Anya.

– Coeden Anya. Gafodd hi'i phlannu beth? ddeugain? hanner can mlynedd yn ôl? ar ddydd ei genedigaeth. Ei thad gloddiodd y twll a'i mam ledaenodd y gwreiddiau. A'i theulu – sy'n gorwedd yn gelain erbyn hyn – ofalodd amdani a'i dyfrio hi.

– Ei choeden hi.

– Mae gwynt petrol yn yr awyr o hyd.

– Mae'n wanwyn.

Tawelwch.

- Golygfa banoramig o'r dyffryn cyfan.

- Mae'n wanwyn ar hyd y dyffryn.

- Y coed. Y gwair.

- Gwenynen yn troedio'n ysgafn ar betalau blodyn.

- Ac mae hi'n dechrau siarad.

- Ydy. Am fod yn *rhaid* iddi. Mae'r geiriau'n cronni wrth iddi sefyll ar bwys ei choeden.

- Mae hi'n tynnu nerth gan ei choeden, y nerth sy' angen arni / i siarad.

- Mae hi'n pwyntio at weddillion ulw. Fy nghartref, meddai, oedd hwnna. Roedd fy mhlant yn cuddio dan y gwely. Fe laddon nhw'r ddau ohonyn nhw. Y mab gynta'. Yna'r ferch. Fe losgon nhw'i gwallt hi. Dw i ddim yn gwbod pam losgon nhw'i gwallt hi. Fe dasgodd e fel pentwr o frigau sych.

- Mae hi'n torri i lawr nawr.

- Pwy? Anya?

- Mae'n sgrechian. Mae'n torri i lawr ac yn dechrau crafu'i bochau fel rhywbeth / allan o drasiedi Roegaidd.

- Dw i ddim yn siŵr. Dw i ddim yn credu bod Anya'n sgrechian. Dw i ddim yn credu'i bod hi'n torri lawr ac yn crafu'i bochau fel rhywbeth allan o drasiedi Roegaidd. Dw i'n credu bod ei llygaid hi'n fflamio. Dw i'n credu'i bod hi'n nesu at y camera ac yn dechrau rhegi. Ffwcio chi, motherfuckers, y bastad llofruddwyr, meddai. Ffwcio chi, y ffwcwyr moch. Melltith Duw arnoch chi. Ffwcio'ch chwiorydd! Y bastad llofruddwyr. Dw i'n poeri ar eich beddau chi ac ar feddau eich mamau a'ch tadau. Melltith ar bob cenhedlaeth newydd.

– Mae'n grac.

– Mae'n grac iawn.

Tawelwch.

– Mae'n grac iawn ond mae ganddi hawl i fod.

– Wel, wrth gwrs 'ny. Mae ganddi hawl i fod yn grac. Ma' popeth wedi'i ddinistrio. *Ffordd o fyw* wedi'i ddinistrio. Perthynas *â byd natur* / wedi'i ddinistrio.

– A dyma pam r'yn ni'n cydymdeimlo â hi.

– Wrth *gwrs* ein bod ni'n cydymdeimlo.

– Nid dim ond yn cydymdeimlo ond yn teimlo *empathi*. 'Ni'n gallu teimlo empathi oherwydd . . .

– Ie.

– . . . oherwydd ein dyffryn *ni* yw dyffryn Anya. Ein coed *ni* yw coed Anya. Ein teulu *ni* yw teulu Anya – y teulu sy'n deulu i ni i gyd.

– Felly mae'n beth cyffredin, oesol, / *yn amlwg.*

– Mae'n beth cyffredin i ni i gyd ac r'yn ni'n adnabod, r'yn ni'n gweld ein hunain yno. Ein byd ni. Ein poen ni.

–   Ein dicter ni ein hunain.

–   Mae'n beth cyffredin, oesol sydd, yn rhyfedd ddigon . . .
    beth? beth?

–   Sydd, yn rhyfedd ddigon, yn adfer.

–   Sydd, yn rhyfedd ddigon, yn adfer – ydy, dw i'n meddwl ei
    fod e – yn adfer ein ffydd ynom ni ein hunain.

4

Y PRESWYLYDD

– Mae hi'r math o berson sy'n credu'r neges ar waelod y receipt.

– 'Diolch am siopa gyda ni.'

– Dyw hi byth yn sefyll o flaen yr arwydd hwn . . .

– Byth.

– . . . nac yn siarad â'r gyrrwr.

Saib.

– Pan ddaw llythyr yn y post wedi'i gyfeirio at 'Y Preswylydd', gynta' i gyd mae hi'n gwneud . . .

– Beth? Paned?

– Ie. Yna mae hi'n mynd i eistedd wrth fwrdd y gegin i'w agor. Mae hi'n agor yr amlen ac yn darllen mor ofalus â thase hi'n darllen llythyr gan ei mab, sy'n byw yn America erbyn hyn.

– Canada, actually.

– Mae hi'r math o berson sy'n credu bod y rhifau lwcus / wedi'u dethol . . .

– Toronto.

–   . . . ar ei chyfer hi'n benodol. Ac, mewn ffordd o siarad,
    mae hynny'n wir. Ac os atebith hi o fewn deg diwrnod,
    bydd hi'n derbyn gwobr gudd arbennig. / Toronto? Ife?

–   Na, nid gwobr gudd. Mae hi'n ticio bocs, mae'n ticio bocs
    ac yn *dewis* ei gwobr: cloc-radio handi, falle, neu gamera neu
    set o / screwdrivers bach.

–   Set o screwdrivers bach neu un o'r camerâu disposable yna.

–   Dyw hi ddim yn 'smygu.

Tawelwch.

–   Nag yw. Dyw hi ddim yn 'smygu. Ond 'wy'n credu'i bod
    hi'n wir i ddweud ei bod hi'n *cymryd* sigarét o bryd i'w
    gilydd, gan bobl eraill.

–   Yn hollol. Mewn partïon.

5

MAE'R CAMERA'N DY GARU

Mae'r camera'n dy *garu*
Mae'r camera'n dy *garu*
Mae'r camera'n dy *garu*

'Ni *angen* cydymdeimlo
'Ni *angen* teimlo empathi
'Ni *angen* hysbysebu
'Ni *angen* sylweddoli
Taw ni yw'r bobl dda
Taw ni yw'r bobl dda

'Ni angen teimlo
bod yr hyn 'ni'n weld yn real;
nid dim ond chwarae rôl
mae'n llawer mwy sylweddol
nag actio.
'Ni'n sôn am realaeth
'Ni'n sôn am ddynoliaeth
'Ni'n sôn am bŵer llethol
a chredadwy-gorfforol
yr holl bethau TRI-DIMENSIYNOL –
y cyfan oll y gall Ann fod
Y CYFAN OLL Y GALL ANN FOD

Ac mae'r byd yn oer, yn estron imi,
ni ddeelli fyth fy ngofid i.

Mae'r camera'n dy *garu*
Mae'r camera'n dy *garu*
Mae'r camera'n dy *garu*

'Ni *angen* byrfyfyrio
'Ni *angen* dychmygu
'Ni *angen* syntheseiddio

'Ni *angen* hysbysebu
Taw ni yw'r bobl dda
Taw ni yw'r bobl dda

'Ni angen cynhyrchu'r
senario mwya' secsi.
Nid dim ond cyfansoddi
– mae'n llawer mwy cyffrous
na hynny.
'Ni'n sôn am wirionedd
'Ni'n sôn am gyfoesedd;
'Ni eisiau cael ein LLETHU
gan yr HOLL BOSIBILIADAU –
y cyfan oll y gall Ann fod
Y CYFAN OLL Y GALL ANN FOD.

Ac mae'r byd yn oer, yn estron imi,
ni ddeelli fyth fy ngofid i.
(Fy ngofid i? Twll dy din di.)

Mae'r camera'n dy garu
Mae'r camera'n dy garu
Mae'r camera mae'r camera
mae'r camera mae'r camera
mae'r camera mae'r camera
MAE'R CAMERA'N DY GARU

6

MAM A DAD

  – Nid dyma'r tro cynta iddi drio.

  – Ie, 'wedwn ni taw nid dyma'r tro cynta. Mae hi wedi trio o'r blaen. Hyd yn oed cyn iddi adael cartre / fe driodd hi, on'd do?

  – Mae hi'n trio ar wahanol adegau yn ystod ei bywyd.

  – Ac r'yn ni'n gweld y troeon eraill.

  – R'yn ni'n eu *teimlo* nhw. Yn dioddef yr adegau poenus.

Tawelwch.

  – R'yn ni'n gweld lluniau, on'd 'yn ni?

  – Lot fawr o luniau.

  – R'yn ni'n edrych arnyn nhw'n fanwl, on'd 'yn ni. Mor fanwl fel bo' ti'n gweld y dotiau bychain. Rhyfedd, on'd yw hi, sut mae popeth, os wyt ti'n edrych yn ddigon gofalus, yn troi'n gyfres o ddotiau bach – hyd yn oed ei gwên.

  – Mae'n wên hapus. Mae'n wên ddigon onest, on'd yw hi.

  – O ydy, mae'n wên wirioneddol / hapus.

  – Does neb yn ei *gorfodi* hi, does neb yn ei gorfodi hi i wenu, oes e?

– Does neb yn ei gorfodi hi i wneud *unrhyw* beth. Mae'r
  syniad y gallai rhywun orfodi Anni, Anni fach, i wneud
  unrhyw beth yn hurt.

– Hurt hollol. Dim amheuaeth.

Tawelwch. Yn ystod y tawelwch:

> 'Mae hi'n mwynhau trefnu'r gwyliau hyn
> am ei bod hi wrth ei bodd yn cwrdd â phobl.
> Bydd hi'n eich cyflwyno chi i'ch cyd-westeion
> gan sicrhau bod pawb yn cael amser i'r brenin.'

– Hollol – ac ma' angen pwysleisio hynny – dyw hi ddim yn
  gwneud *unrhyw* beth yn erbyn ei hewyllys, / dim o gwbl.

– Mae popeth pan ti'n edrych yn fanwl yn troi'n gyfres o
  ddotiau bach – llygaid, gwallt, gwên.

– Gwenau o bedwar ban byd.

– *Pobl* o bedwar ban byd. Pobl o bedwar ban byd yn cael
  tynnu'u lluniau gyda Anni. Yn gwenu gyda Anni.
  Cymeriadau ddaeth i mewn i'w bywyd hi / a gadael eto,
  jyst fel yna.

– I mewn ac allan o'i bywyd hi.

– Pobl – ie – ddaeth i mewn i'w bywyd hi a gadael eto.

– Pornograffig, rhai ohonyn nhw.

– Pornograffig? Na. Dere nawr.

– Ma' nhw'n eitha' pornograffig, / rhai o'r lluniau 'na.

– O, 'weden i ddim bo' nhw'n bornograffig, jyst bach o hwyl yw e'. Jyst bach o hwyl, fel byddet ti'n disgwyl gan ferch sy' wastad yn gwenu, wastad yn chwerthin, wastad fan hyn fan draw, wastad yn cwrdd â rhywun, wastad yn gadael rhywun, wastad mewn maes awyr yn aros i godi'i bag o'r carwsél, neu mewn gorsaf fysus neu'n cysgu yn y coridor / mewn trên.

– Wastad wrth ochr yr hewl yn rhywle gyda'i bag mawr coch. Rhywle yn Affrica, falle, a'r bag cynfas mawr coch yna gafodd hi gan Mam a Dad ar ei phen-blwydd yn un ar bymtheg. Rhywle yn Ne America.

– Rhywle yn Ewrop, / hi a'i bag mawr coch.

– Ewrop, Affrica, De America, pobman dan haul. Brasil.

– Ciwba. Brasil. Rwmania. / *Nigeria.*

– Ie. Awstralia. Seland Newydd. Y / *Philippines.*

– Moroco. Algeria. Tiwnisia. Diffeithwch y Sahara.

– Diffeithwch y Kalahari, wrth droed yr Himalayas.

– Wrth droed yr Alpau.

– Hollol, hollol – yn y betingalw –

– Y / *Piedmont.*

– Y Piedmont. Wastad wrth droed rhyw fynydd neu'i gilydd â'i bag mawr coch.

– Oherwydd, wel, dyna ni, ma'r pethe 'ma'n bwysig iddi, on'd 'yn nhw.

— Wel ydyn. Ti'n gweld y consyrn yn glir. Do's ond angen i ti
   edrych ar y llunie 'ma, y ffordd mae hi'n sefyll yna gyda'r
   bobl dlawd, er enghraifft. Dyw hi ddim yn ofni sefyll ochr
   yn ochr â'r bobl dlawd yn y llunie yna.

— Llunie ohoni yn y slyms. Pobl y slyms yn gwenu.

— Llunie ohoni ar ochrau bryniau. Pobl y bryniau'n gwenu.

— Llunie ohoni gyda phobl y bryniau – maen nhw'n gwenu,
   yn union – er bod eu tir wedi erydu, wedi cael ei chwythu i
   ffwrdd – whoosh – gan y gwynt.

— Ac ar y tomenni sbwriel.

— Llunie o Anni ar domenni sbwriel ar bwys y bobl sy'n *byw*
   yno, *ar* y sbwriel ei hun. Maen nhw'n gwenu. Maen nhw'n
   byw ar y domen, yn llythrennol, / gyda'u plant.

— Mae 'na deuluoedd cyfain o sipswn, neu beth bynnag 'yn
   nhw, sy'n byw ar y tomenni 'ma, mae'n debyg.

— Allwn ni ddweud – a dyma'r gwahaniaeth falle rhwng y tro
   hwn a'r troeon eraill yna – taw nid cri am help yw hwn.

— Na, mae'n eitha amlwg ei bod hi / wedi penderfynu.

— Nid cri am help yw e. Mae'n bwysig ein bod ni'n dweud
   hynny'n bendant, o'r dechre un. Ti ddim yn cytuno? Mae'n
   bwysig iawn ein bod ni'n dweud yn bendant na allai unrhyw
   un fod wedi'i helpu hi / erbyn hynny.

— Alle neb fod wedi'i helpu hi – ddim Mam – ddim Dad –
   nac unrhyw un o'r bobl oedd yn galw'i hun yn / ffrind iddi.

– Fydde hi ddim wedi bod / *eisiau* help.

– Dyna'r peth dwetha fydde hi eisiau.

Tawelwch. Yn y tawelwch:

> 'Mae hi'n mwynhau treulio amser yng nghwmni gwesteion,
> ac yn cael teimlad o foddhad mawr
> pan fo pawb yn mwynhau.
> Mae hi'n dweud bod yna lawer o gofleidio yn yr orsaf
> ar ddiwedd y gwyliau, a'r gwesteion
> yn chwifio ac yn gweiddi
> trwy ffenestri'r trên, "Tan tro nesa"'.

Maen nhw'n chwerthin gydol y rhan nesaf:

– Y pethe rhyfedd mae hi'n dweud . . .

– Y pethe rhyfedd wedodd hi wrth Mam a Dad yn blentyn:
   'Dw i'n teimlo fel sgrin.'

– 'Dw i'n teimlo fel sgrin.'

– Mae'n gorwedd yno, on'd yw hi, y tiwb yn ei braich fach wan,
   druan, mae'n welw ofnadwy, yn wynnach na'r *glustog* / hyd
   yn oed.

– 'Fel sgrin deledu,' meddai, 'lle ma' popeth yn edrych yn fyw
   ac yn real o'r ffrynt ond yn y cefn dim ond llwch a gwifrau
   sy' 'na.'

– 'Llwch a gwifrau.' Y fath ddychymyg . . .

– Mae'n dweud nad yw hi'n gymeriad go iawn, nad yw hi'n
   gymeriad go iawn fel mewn llyfr neu ar y teledu, ond yn

ddiffyg cymeriad, yn *absenoldeb*. Dyna mae hi'n ei alw fe, on'd ife. Absenoldeb cymeriad.

– Absenoldeb cymeriad, beth bynnag ma' *hynny* fod i feddwl.

– Yna mae hi eisiau bod yn derfysgwr, on'd yw hi?

– Ydy, 'na ti. Mae'n dod lawr i'r gegin un noson, yr olwg onest yna yn ei llygaid mawr, ac yn dweud wrth Mam a Dad ei bod hi eisiau bod yn derfysgwr.

– Yr olwg ar eu hwynebau . . .

– Mae hi eisiau'i stafell fach ei hun, gwn a rhestr o enwau.

– 'Targedau.'

– Rhestr – ie, 'na ti – o dargedau, fel petai, a lluniau ohonyn nhw. Mae hi eisiau lladd un yr wythnos ac yna dod nôl i'w hystafell i yfed te Earl Grey.

– 'Na ti – mae'n rhaid iddi gael Earl Grey – ac mae'n rhaid iddi ladd un yr wythnos.

– Mam a Dad druan. Ma' nhw'n / arswydo.

– Does dim syniad gyda nhw beth i feddwl.

– 'Dyn nhw byth wedi prynu te Earl Grey / yn eu bywydau.

– Byddai'n hoffi ymddwyn fel peiriant, on' byddai.

– *Fel?* Byddai'n hoffi *bod* yn beiriant. Weithiau mae hi'n treulio dyddiau bwy gilydd, dyddiau cyfain, yn esgus bod yn deledu / neu'n gar.

– Car neu deledu, neu bistol awtomatig neu beiriant gwnïo.

Tawelwch. Yn y tawelwch:

> 'Mae hi'n arbennig o dda am gynnal nosweithiau singles,
> ac wrth ei bodd yn arwain
> teithiau cerdded.'

– Peiriant gwnïo . . . O 'le ma'r syniade ma'n dod gwed?

– Yna'r peth nesa' mae hi off i weld y byd. Affrica un funud,
yna De America neu Ewrop.

– Rhywle yn Ewrop.

– Ewrop, Affrica, De America, pobman dan haul. Brasil.

– Ciwba. Brasil. Rwmania. / *Nigeria.*

– Rwmania. Ciwba. Fflorida. Awstralia.

– Ie, 'na ti. Awstralia. Seland Newydd. Y / Philippines.

– Moroco. Algeria. Tiwnisia. Diffeithwch y Sahara.

– Diffeithwch y Kalahari. Wrth droed yr Himalays.

– Wrth droed yr Alpau.

– 'Na ti – y betingalw –

– Y / Piedmont.

– Y Piedmont, y Piedmont, y Piedmont, ie ie, wrth gwrs.
Wastad rhyw fynydd neu'i gilydd, hi a'i bag mawr coch.

- A'i gwallt. Paid anghofio'r gwallt / lawr at ei wast.

- Yr un gwallt hir lawr at ei wast yn ddeugain oed ag oedd ganddi'n ugain – fel merch ifanc o hyd on'd yw hi, yn rhai / o'r llunie 'na.

- Hyd yn oed yn ddeugain, mae hi'n edrych ac yn gwisgo fel merch hanner ei hoed.

- Ond y peth sy'n dyngedfennol yw bod y bag yn llawn cerrig.

- Y peth diddorol, ti'n iawn, yw bod y bag, fel mae'n digwydd, / yn llawn cerrig.

- Mae'r cerrig yno i'w chadw hi dan y dŵr dim ots faint mae hi'n ymdrechu, ac mae'r straps wedi'u clymu i'w phigyrnau.

- Dim awgrym o gwbl, felly, bod hwn yn / gri am help.

- Mewn geiriau eraill, mae hi wedi bwriadu'r holl beth, mae hi wedi rhag-weld y ffaith y bydd hi'n ymdrechu dan y dŵr. Roedd hi'n gwybod hynny, ond roedd hi'n gwybod hefyd y byddai'r bag yn ei thynnu hi lawr. Felly does dim posib o gwbl i'r ymgais fethu. Does dim posib o gwbl i rywun gamu i'r adwy – ddim Mam a Dad, yn sicr.

- Wel, na, ddim Mam a Dad, dim gobaith – a neb chwaith o blith ei *ffrindiau.*

- Os alli di'u *galw* nhw'n / ffrindiau.

- Alli di *ddim* mo'u galw nhw'n ffrindiau, yn amlwg.

Tawelwch. Yn y tawelwch:

'Mae hi'n hoffi mynychu dosbarthiadau cadw'n heini,
cymryd rhan mewn cynyrchiadau theatr amatur
a sioeau cabaret bywiog.
Mae hi hefyd yn aelod
o'r clwb crwydro lleol.'

– A'r demtasiwn felly yw meddwl – on'd ife – bod y bag
wastad yn llawn cerrig. O'r foment y gadawodd hi gartref
Mam a Dad ar ddydd ei phen-blwydd yn un ar bymtheg.
On'd ife?

Saib.

– Wel?

– Wel beth?

– On'd yw hi'n demtasiwn meddwl falle bod y bag yn llawn
cerrig o'r cychwyn cyntaf? O'r foment y cerddodd hi lawr
y llwybr o flaen tŷ Mam a Dad, cau'r glwyd ar ei hôl a dal
y bws. Bod y bag coch yn y lluniau yn llawn cerrig. Bod y
bag coch oedd gyda hi ar y trenau ac ar y lorïau ac ar y
mulod yr aeth hi ar eu cefnau i gopaon y mynyddoedd –
ac ar y tomenni sbwriel ac ar ochrau'r mynyddoedd ac yn
y slyms, ac ar y piazzas Ewropeaidd caregog – yn llawn
cerrig. Ac yn y gwersylloedd i ffoaduriaid lle safodd hi i
gael tynnu'i llun wrth ochr y meirw byw, yn union fel y
safodd hi wrth byllau nofio Olympaidd biliwnyddion tew,
bod y bag yn llawn cerrig. Ac yn y meysydd awyr. Yn y
meysydd awyr yn arbennig, am ddau o'r gloch y bore, wrth
iddi aros wrth y carwséls gyda'r teithwyr eraill, sydd wedi
cyrraedd yno o barthau amser gwahanol neu wedi ffoi o
wledydd rhyfelgar, ac wrth iddi aros i'r peiriant gychwyn ac
i'r bagiau – y sachau cefn a'r cesys lledr, y Samsonites a'r
bocsys cardfwrdd – gael eu chwydu allan drwy'r llen rwber

du i'r trac rwber symudol, mae'i bag hi, mae'r bag mawr coch yn llawn cerrig.

– Allwn ni ddim bod yn siŵr.

– Wel na allwn. Allwn ni ddim bod yn siŵr. Ond ar sail yr hyn r'yn ni'n gwybod amdani, yr hyn r'yn ni wedi'i weld, dyw hynny ddim / yn amhosib.

– Allwn ni ddim bod yn siŵr bod y bag yn llawn cerrig. Fe allai fod yn llawn hen ddillad, cyffuriau . . . / unrhyw beth.

– Pam na allwn ni? Pam na allwn ni fod yn siŵr? Pam na allwn ni ddweud unwaith ac am byth bod y bag yn llawn cerrig, a taw'r cerrig yw'r rheswm dros ei gwên?

– Byddai'r cerrig, mae'n wir, yn esbonio'r wên.

– Byddai'r cerrig yn bendant yn esbonio'r wên, o'r hyn r'yn ni wedi'i weld ohoni. Achos ma' 'na elfen ddoniol yn hyn i gyd hefyd.

– Ma' 'na beth?

– Elfen. Elfen ddoniol.

– O oes, mae 'na elfen ddoniol, yn ben*dant*.

Tawelwch. Yn ystod y tawelwch:

> 'Mae Ann yn teimlo bod y gair "singles" yn achosi
> problemau weithiau, gan fod
> tuedd iddo gael ei gamddeall.
> Hoffai bwysleisio nad "bachu" fel y cyfryw
> yw nod y gwyliau hyn

ond galluogi pobl sy'n rhannu diddordebau
i ddod at ei gilydd mewn awyrgylch cyfeillgar ac anffurfiol;
eu galluogi i fwynhau gwyliau gyda'i gilydd
a gadael yn ffrindiau.'

7

YR ANNY NEWYDD

*Lleferir pob araith mewn iaith Ewropeaidd i ddechrau. Mae'r cyfieithiad Cymraeg yn dilyn ar ei union.**

– [ymadrodd]
– Mae'r car yn ymdroelli ar hyd arfordir Môr y Canoldir.

– [ymadrodd]
– Mae'n gafael yn dynn yn y troeon rhwng y pentrefi prydferth yn y bryniau.

– [ymadrodd]
– Mae'r haul yn disgleirio ar y corff aerodeinamig.

– [ymadrodd]
– Corff aerodeinamig yr *Anny* newydd.

– [ymadrodd]
– Gwelwn yr *Anny* newydd yn nadreddu rhwng y toeon teils coch Canoldirol.

– [ymadrodd]
– Cyflym.

– [ymadrodd]
– Llyfn.

– [ymadrodd]
– Dirwystr.

– [ymadrodd]

– R'yn ni'n deall yn awr bod ffenestri trydan yn rhan o becyn
safonol yr *Anny*.

– [ymadrodd]
– R'yn ni'n deall yn awr bod bag awyr i'r gyrrwr *ac* i'r teithiwr
yn rhan o becyn safonol yr *Anny*.

– [ymadrodd]
– R'yn ni'n deall yn awr bod yr holl bethau y mae'r
gwneuthurwyr eraill yn eu cynnig fel opsiynau ychwanegol
. . .

– [ymadrodd]
– . . . yn rhan o becyn safonol yr *Anny*.

– [ymadrodd]
– System awyru.

– [ymadrodd]
– Immobiliser.

– [ymadrodd]
– A ffôn symudol.

– [ymadrodd]
– R'yn ni'n gwybod y bydd ein plant mor ddiogel a hapus yn
sedd gefn yr *Anny* ag y bydd yr oedolion yn hyderus a
chyffyrddus wrth y llyw.

– [ymadrodd]
– Hapus.

– [ymadrodd]
– Diogel.

- [ymadrodd]
- Mewn rheolaeth.

- [ymadrodd]
- Mae'r *Anny* newydd yn gwibio heibio i draethau gwynion y byd mor rhwydd ag y mae hi'n parcio y tu allan i'r siopau sgidiau â'u goleuadau halogen yn y dinasoedd mawrion.

- [ymadrodd]
- Pan gyrhaeddwn ben ein taith yn yr *Anny* . . .

- [ymadrodd]
- . . . cawn ein cyfarch gan ferched prydferth a dynion golygus.

- [ymadrodd]
- 'Chawn ni ddim mo'n bradychu.

- [ymadrodd]
- Na'n harteithio.

- [ymadrodd]
- Na'n saethu.

- [ymadrodd]
- Mae peiriant dau litr yr *Anny* yn hynod effeithlon ac yn perfformio'n ardderchog mewn amgylchiadau trefol.

- [ymadrodd]
- Mae fersiwn diesel ar gael hefyd.

- [ymadrodd]
- Yn brawf o'n hymrwymiad i geisio sicrhau amgylchfyd glanach, mwy gwyrdd . . .

- [ymadrodd]

- . . . does yna ddim sipsiwn brwnt yn yr *Anny*.

- [ymadrodd]
- Nac yn y tiroedd godidog braf y mae'n gyrru drwyddyn nhw.

- [ymadrodd]
- Does neb yn yr *Anny*'n twyllo neu'n dwyn.

- [ymadrodd]
- Bastads brwnt.

- [ymadrodd]
- Gangsters.

- [ymadrodd]
- Motherfuckers.

- [ymadrodd]
- Does dim lle yn yr *Anny* i'r hiliau anifeilaidd . . .

- [ymadrodd]
- . . . i bobl â diffygion meddyliol . . .

- [ymadrodd]
- . . . nac i'r corfforol amherffaith.

- [ymadrodd]
- Does dim lle i sipsiwn, Arabiaid, Iddewon, Twrciaid, Cwrdiaid, Duon nac unrhyw faw dynol arall.

- [ymadrodd]
- R'yn ni'n deall bod opsiwn talu di-log ar gael.

- [ymadrodd]
- Ond brysiwch.

- [ymadrodd]
- Mae hwn yn gynnig dros dro'n unig.

- [ymadrodd]
- Mae'r *Anny*'n croesi pont Brooklyn.

- [ymadrodd]
- Mae'r *Anny*'n croesi diffeithwch y Sahara.

- [ymadrodd]
- Mae'r *Anny*'n gwibio trwy winllannoedd Bordeaux.

- [ymadrodd]
- Mae'r *Anny*'n gwibio trwy bentrefi yng Ngogledd Affrica ar doriad gwawr . . .

- [ymadrodd]
- Cyflym.

- [ymadrodd]
- Llyfn.

- [ymadrodd]
- Dirwystr.

- [ymadrodd]
- . . . lle mae'r gwragedd sy'n gwisgo'r fêl yn edrych yn syn ar y paentwaith gwrth-rwd â'i warant pum-mlynedd.

- [ymadrodd]
- Does neb yn pacio'r *Anny*'n llawn ffrwydron at ddibenion gwleidyddol.

- [ymadrodd]
- Does neb yn treisio ac yn lladd menyw yn yr *Anny* cyn stopio

wrth olau coch i luchio'i chorff allan gyda chynnwys y
blwch llwch.

– [ymadrodd]
– Does neb yn cael ei lusgo o'r *Anny* gan dyrfa ffyrnig.

– [ymadrodd]
– Dyw pelfis plentyn ddim yn cael ei chwalu mewn gwrth-
drawiad â'r *Anny* newydd.

– [ymadrodd]
– Dyw'r sedd gefn byth yn stici-seimllyd gan sberm.

– [ymadrodd]
– Gan waed.

– [ymadrodd]
– Gan gwrw.

– [ymadrodd]
– Gan boer.

– [ymadrodd]
– Neu gan siocled wedi toddi.

– [ymadrodd]
– Siocled wedi toddi. Iym iym.

Print mân:

– [ymadrodd]
– Mae'r pris cyfun yn cynnwys Treth Ar Werth, platiau rhif,
cludiant a chwe mis o drwydded ffordd.

– [ymadrodd]

41

- Telerau ariannol yn ddibynnol ar statws.

- [ymadrodd]
- Gall ysmygu niweidio babanod yn y groth.

- [ymadrodd]
- Fe allech chi golli'ch tŷ os methwch ag ad-dalu'ch benthyciad yn brydlon.

*   *Iaith Affricanaidd neu Ddwyrain Ewropeaidd a nodir yn y testun Saesneg gwreiddiol. Sbaeneg De Americanaidd oedd yr iaith a ddefnyddiwyd yn y cynhyrchiad Cymraeg cyntaf.*

8

FFISEG GRONYNNAU

– Gad i fi 'weud wrtho' ti: ma' blwch llwch gyda hi. Un tal,
  ar goes hir. Fel rhywbeth byddet ti'n gweld yn y lobi mewn
  gwesty rhad, y math o westy ti'n mynd iddo fe am gwpwl o
  oriau ar brynhawn yn yr wythnos mewn dinas ddieithr gyda
  dyn ti / newydd gwrdd â fe.

– Gyda dyn na weli di mohono fe eto.

– Gyda dyn – hollol – ti newydd gwrdd â fe a dim bwriad o
  gwbl gyda ti o'i weld e eto. Dyna'r math o flwch llwch yw
  e – y goes a'r bowlen yn rhyw fath o chrome tsiêp ac yn
  gwneud i ti feddwl am ryw sydyn anniogel mewn gwesty
  rhad.

– Mae hi hefyd yn siarad pum iaith a, gyda help cyflymydd
  gronynnau CERN yng Ngenefa, mae hi wedi dod o hyd i
  ronyn elfennol newydd, fydd yn dwyn ei henw hi ac yn
  newid yn llwyr ein ffordd o feddwl am y bydysawd.

9

BYGYTHIAD TERFYSGAETH RYNGWLADOL™

– Dyw hi ddim fel tase hi'n becso. Does dim cydwybod gyda
hi. Does dim arwydd o gwbl ei bod hi'n difaru. Mae hi'n
dweud, 'Dw i ddim yn / cydnabod eich awdurdod.'

– 'Dw i ddim yn cydnabod eich awdurdod.' Beth mae hi'n
meddwl? Pwy mae'n meddwl yw hi? Ydy hi'n meddwl o
ddifri na fydd rhaid iddi ateb dros y bywydau ddinistriodd
hi? Ydy hi wir yn meddwl bod modd cyfiawnhau'r trais
digymell a direswm yma? Does dim rhithyn o deimlad
dynol / yn ei llygaid.

– Dim rhithyn – ti'n iawn – o deimlad dynol neu o gywilydd.
Yr un ferch yw hon, gwed? Yr un ferch ag a wisgodd ffrog
gingham binc a het wellt ac a aeth, gyda merched doctoriaid
a deintyddion a chyflwynwyr teledu a datblygwyr eiddo, i'r
ysgol ar y bryn gyda'r plac efydd sgleiniog a'r athrawesau
mewn sgertiau tartan? Yr un ferch yw hon â'r ferch oedd
yn berchen ar Fantasy Barbie™, Fantasy Ken™ a'r holl
wisgoedd: y nicyrs pitw pitw a'r sgidiau pitw pitw? Y tŷ a'r
ceffyl, hyd yn oed y car Barbie™, / ei char bach arbennig ei
hun?

– Yr un Ann yw hon â'r Ann fach a drefnodd yr holl sgidiau
pitw pitw'n rhesi taclus, a'r holl ddolis a'r gleiniau hefyd, ac
a weddïodd yn daer i Dduw™ bob nos, / heb weld hynny'n
eironig o gwbl.

– A weddïodd i Dduw™, 'O Dduw™, bendithia Mam a
bendithia Dad. O Dduw™, bendithia Siani'r gath,
bendithia bawb, O Dduw™.' Ac a weddïodd fel yna, ar

ei phengliniau, yn ei phyjamas Minnie Mouse™, a chredu'n hollol ddiffuant y deuai amdanyn nhw fendith y Tad a'r Mab / a'r Ysbryd Glân.

– Amen.

– A wlychodd y gwely bob nos yn ddi-ffael tan i'w rhieni blinedig ei chymryd hi at y doctor – a ddywedodd wrthi tan wenu, ac wrth iddo fe dynnu'i nicyrs ar y gwely lledr oer, 'Dere i ni gael pip fach 'te, Ann, / ife?'

– Yr un Ann ddaeth adre o'r ysbyty â bocs bach pren gyda chloch ar y tu fewn i'w roi ar bwys y gwely, dau sgwaryn stiff o gauze a chyfres / o weiars duon?

– Yr un Ann a ddeffrowyd bob nos wedi hynny gan sŵn ofnadwy'r gloch fach, a gwlybaniaeth ofnadwy'r dillad gwely?

– Yr un Ann sydd – beth – yn *sefyll* yna nawr? Yn *sefyll* o flaen dynion a menywod difrifol, a thystion a thystiolaeth mewn bagiau plastig – pasborts ffug a darnau o gnawd dynol; yn sefyll yna ag yn *gwrthod / cydnabod eu hawdurdod?*

– Darnau o gnawd dynol, pasborts ffug, rhestrau o enwau, olion ffrwydron, tapiau o alwadau ffôn, tapiau fideo o fanciau a chanolfannau siopa a pheriannau dosbarthu arian. Adroddiadau seiciatrig sy'n cadarnhau (a) ei deall-garwch a (b) ei bod yn ei iawn bwyll. 'Fe aeth hi ati,' maen nhw'n dweud, 'fe gwblhaodd hi'i gwaith ag ymroddiad ac ymddatodiad artist.'
Mae tystion yn torri i lawr / ac yn beichio crio.

– Mae tystion yn torri i lawr wrth i dapiau fideo o'r banciau a'r canolfannau siopa ddangos Ann yn y dorf, person normal

arall yn mynd o gwmpas ei phethau dan oruchwyliaeth
barhaol y camerâu, tan ryw ugain munud yn
ddiweddarach, ar ôl iddi adael, pan ffrwydra ffenestri'r
siop sgidiau – mewn tawelwch hollol. Y ffigyrau bach
llwyd yn ffoi i bobman wedyn ac yn hedfan drwy'r awyr
mewn tawelwch hollol; sgidiau bach a darnau bach o
gnawd dynol yn gymysg â'r gwydr tawel. Does neb yn
gwybod / pam.

– Does neb yn gwybod beth yw ei chymhellion hi.

– Mae'n byw ar ei phen ei hun?

– Mae'n byw ar ei phen ei hun.

– Mae'n gweithio ar ei phen ei hun?

– Mae'n gweithio ar ei phen ei hun.

– Mae'n cysgu ar ei phen ei hun?

– Ydy, mae'n debyg.

– Yn lladd / ar ei phen ei hun? Bwyta?

– Mae'n byw gweithio cysgu lladd a bwyta ar ei phen ei
hun yn llwyr. A dweud y gwir, does dim byd ar y tapiau
o'r sgyrsiau ffôn ond archebion o fwytai takeaway. Prydau
sy'n dod i ddrws ffrynt y fflatiau mae hi'n eu rhentu uwch
prif strydoedd yn y maestrefi dinesig – pizza mawr, bara
garlleg a litr a hanner o Diet Pepsi™ am ddim ond naw /
naw deg naw.

– Maen nhw'n meddwl i ddechre taw / negeseuon mewn cod
'yn nhw.

- Maen nhw'n meddwl i ddechre, hollol, taw negeseuon mewn cod 'yn nhw ond dim ond archebion bwyd 'yn nhw mewn gwirionedd. Bwyd sy'n cael ei gludo i'r fflat gan fechgyn ar scooters a hithau'n talu / ag arian parod.

- Yr un Ann fach yw hon, mewn difri calon, sy'n achosi nawr i dystion dorri i lawr mewn llif o ddagrau? I heddweision a heddferched, ar ôl blynyddoedd hir o wasanaeth, orfod mynd i gael help proffesiynol er mwyn gallu dygymod â'r delweddau, y chwys oer sy'n dod amdanyn nhw yn y gwely yn y nos, yr anallu rhywiol, yr amenorea, y cryndod yn eu dwylo a'r flashbacks o bennau dynion yn chwalu mewn slow motion. Ac wylofain plentyn sydd allan o gyrraedd dan y rwbel, yn ailffurfio yn eu meddyliau fel rhyw fath o – beth yw'r gair . . . ?

- Rhithweledigaeth?

- Ie. Yr heddweision a'r heddferched sydd nawr yn mynnu / *iawndal*.

- Yr un Ann ag a ddeffrodd i ganiad y gloch fach wrth y gwely ac a wyliodd gysgodion y gastanwydden yn symud ar wal ei hystafell wely, yn ei / phyjamas gwlyb.

- Yr un Ann ag a soldrodd switsys a dyfeisiau amseru cymhleth, a chynhyrchu dyfeisiau ffrwydrol â'i cheg yn llawn / deep-pan pizza?

- A lwyddodd i grynhoi mŵd cenhedlaeth gyfan?

- A ymddangosodd ddwywaith ar glawr / *Vogue*™?

- A werthodd hawliau'r ffilm am ddwy filiwn a hanner / o ddoleri?

– A astudiodd yn fanwl y trefniadau ar gyfer llwytho a dadlwytho bagiau ac a ddysgodd ar ei chof amserlenni'r prif gwmnïau / awyrennau?

– A oedd mewn dyfynodau yn hoffi'i chwmni'i hun.

– Sydd yn gwrando heb unrhyw emosiwn mewn dyfynodau ar y disgrifiadau cignoeth mewn dyfynodau o'r erchyllterau a gyflawnodd mewn dyfynodau.

10

KINDA DDONIOL

– Mae'n kinda ddoniol ac mae'n kinda drist.
Mae'n kinda chwerw-felys, ie 'na fe.
Un o'r pethe kinda chwerw-felys yna, un o'r pethe chwerthin-
trwy-ddagrau yna.
Ar ôl cymaint o amser, ar ôl cymaint o flynyddoedd, mae
e'n dod nôl o'r diwedd at ei fam.
Ar y dechre, ma' hi like 'Pwy yw *hwn*?'
Yna ma' 'na eiliad o sylweddoli: 'O *God:* fy *mab* yw e.'

Ac ma' nhw'n dal ei gilydd yna yn y gegin ac ma'r holl beth
mor *moving*.
Mae e mor moving i weld ei fod e wedi ffeindio'r gallu, y
nerth i faddau i'w fam.
Ei fod e wedi maddau iddi ei *halcoholiaeth*.
Ei fod e wedi maddau iddi am fynd off gyda dynion eraill.
Ei fod e wedi maddau iddi am chwalu hunanhyder ei dad
a'i wthio fe i *ladd ei hun*.
Ac ma'r ddau ohonyn nhw'n kinda crio a chwerthin ar yr
un pryd, yn yr un gegin yr eisteddodd e ynddi'n blentyn a
chlywed dadlau ofnadwy ei rieni. Ei dad mewn dagrau yn
arllwys yr alcohol lawr y sinc am ddeg y bore a hi'n gweiddi
nôl na fydde'n rhaid iddi yfed ei hun i farwolaeth tase fe'n
real dyn â hyd yn oed gronyn o hunan-barch gyda fe. A'r
marciau a grafodd yn dawel bach yn wyneb y bwrdd gyda
fforc. A ti'n ymwybodol, ti'n gwbod, o like *parhad* pethe,
chwerw-felyster pethe.

Ac yna mae e'n dweud, 'Hei, Mam, ma' 'da fi syrpreis i ti.'
Ac ma' Mam yn tynnu'i hun yn rhydd o'i afael ac yn sychu'r
dagrau o'i llygaid ac yn dweud, 'Syrpreis?'

Ac mae e'n dweud, 'Edrych drwy'r ffenest, Mam.'
A tu fas i'r ffenest ma' 'na pick-up brwnt a dau blentyn
bach pitw pitw yn y cefn yn kinda syllu.
Jyst yn syllu i mewn i'r camera.
Yna mae e'n dweud, 'Mam, dw i ishe i ti gwrdd â Annie.'

A dyna pryd ma'r fenyw Annie yma'n dod allan o'r pick-up
ac ma' hi'n dal a pert a chryf-yr-olwg ac mae'i llygaid hi'n
las a chlir ac yn edrych reit mewn i dy galon di ac mae hi –
wel mae hi'n edrych fel delfryd dyn o fenyw dda, fel delfryd
mam o wraig i'w mab.

Ac mae'n troi mas 'i fod e ac Annie a'r plant yn creu, beth,
bywyd newydd? Maen nhw'n creu'r bywyd newydd yma
iddyn nhw'u hunain, yn bell o'r ddinas. Byw ar y tir. Tyfu'u
stwff eu hunain. Hela. Cloddio tyllau yn y ddaear i gael
dŵr glân. Addysgu'u plant gartre'. Eu dysgu nhw i gredu
bod Dyn yn rhydd gerbron Duw i greu ei ffawd ei hun ac i
amddiffyn ei deulu ym mha fodd bynnag.

A thros ginio – salad ffowlyn a mayonnaise – r'yn ni'n clywed
'i fod e, y mab yn arwain *grŵp cyfan* o bobl sy'n rhannu'r
un daliadau, ac sydd wedi arfogi'u hunain – nid i ladd er
mwyn lladd ond am fod *rhaid* iddyn nhw; am eu bod nhw'n
ymladd rhyfel. 'Rhyfel?' meddai Mam. 'Be ti'n meddwl, rhyfel?'

Felly ma'n rhaid i Annie esbonio wrth Mam nad 'yn nhw'n
credu mewn trethi na welfare na dim o'r shit yna. A bod eu
rhyfel yn rhyfel yn erbyn llywodraeth sy'n cymryd bara o
ddwylo'r dyn onest cyffredin ac yn ei roi yn nwylo
pornograffwyr ac erthylwyr.
Mae'n rhyfel yn erbyn y God-forsaken faggots.
Mae'n rhyfel yn erbyn y dealers cyffuriau a'r blacks.
Mae'n rhyfel yn erbyn yr Iddewon cynllwyngar a'u
hymdrechion i ailysgrifennu *hanes.*

Mae'n grwsâd yn erbyn yr holl ddelweddau anfoesol sydd i fod yn *gelfyddyd.*

Mae'n rhyfel yn erbyn pob un sydd am wadu'n hawl ni i gario arfau.

Ac mae gan Annie'r *golau mewnol* yma.

Ac mae e fel petai, waw, mae hi wedi torri trwodd, mae hi wedi torri trwodd, mae hi wedi torri trwy'r holl gymhlethdodau, holl *sŵn* y byd ac wedi ffeindio'r beth?

Y *peth* yma, mae'n debyg.

Y peth yma, y peth *absoliwt* yma.

Mae e fel tasai hi wedi ffeindio'r peth yma.

Hei, mae e fel tase Annie wedi ffeindio'r peth yma, yr allwedd, ie, yr allwedd, y gyfrinach, y sicrwydd syml yma, y peth r'yn ni'n chwilio amdano fe ar hyd ein bywydau, y peth yma sydd, mae'n debyg, yn *wirionedd.*

Ie.

Ac mae e'n kinda moving i weld pa mor annwyl yw *e* gyda'r plant.

Fe yw'r un sydd yn torri'u ffowlyn ac yn sychu'u cegau gyda'r napkin papur – y dyn mawr yma mewn dillad camouflage yn gwneud yr holl bethau domestig.

Achos teulu yw calon pethe, I guess.

Ac ma' un o'r plant yn edrych i fyny o'i fwyd ac yn dweud, 'Dadi, pam ma' hi'n *crio?*'

Ac mae'n wir.

Mae'i fam yn crio.

Wrth iddi eistedd yna wrth y bwrdd teuluol ac edrych ar y teulu newydd yma na wyddai hi ddim oll amdano – ei mab a'i wraig hardd, a'r plant diniwed a chryf â'u bywydau cyfain o'u blaenau – mae hi'n crio, ydy, mae hi'n beichio crio fel plentyn.

Ac ma' Annie'n anwesu gwallt y bachgen – sydd wedi'i dorri'n fyr fyr – fel real milwr ifanc – ac ma' hi'n dweud, 'Am 'i bod hi mor hapus, 'machgen i. Am 'i bod hi mor hapus.'

11

DIDEITL (100 GAIR)

– Be' sy' 'da ni fan hyn yw casgliad o wrthrychau sy'n ymwneud
ag ymdrechion yr artist i'w lladd ei hun dros y misoedd
diwethaf. Er enghraifft: poteli moddion, cofnodion ysbyty,
Polaroids o'r nifer o ddynion HIV positif yr aeth hi ati'n
fwriadol i gysgu 'da nhw, darnau o wydr wedi torri . . .

– Y nodiadau adawodd hi.

– . . . ie, ac wrth gwrs mae waliau'r oriel wedi'u haddurno
â'r nifer helaeth o nodiadau adawodd hi. Yn ogystal â'r
Polaroids, mae yna sawl ffilm fideo – eitha annymunol,
mae'n rhaid dweud – o'r ymdrechion eu hunain.

– Wel, dw i ddim yn gwbod am bobl eraill, ond ar ôl cwpwl
o funudau ro'n i'n dechrau meddwl y byddai wedi bod yn
well tasai hi wedi llwyddo'r tro cyntaf.

Tawelwch. Yn y tawelwch:

pen
gwyrdd
dŵr
canu
marwolaeth
hir
llong
talu
ffenest
cyfeillgar
bwrdd

gofyn
oer
bonyn
dawnsio
pentref
llyn
sâl
balchder
coginio

– Wel dw i'n credu bod hwnna'n sylw anfaddeuol o wamal i'w
  wneud am waith sydd yn amlwg yn garreg filltir. Mae'n symud
  dyn. Mae'n amserol. Mae'n ysigol. Mae'n ddoniol. Mae'n
  sick. Mae'n secsi. Mae'n hynod ddwys. Mae'n ddifyr. Mae'n
  ein goleuo ni. Mae'n dywyll. Mae'n hynod bersonol ac, ar yr
  un pryd, yn codi cwestiynau hollbwysig am y byd cyfoes.

– Beth sy'n ddiddorol i fi yw ei defnydd o weadedd. Mae
  'na sensitifrwydd mawr yn y ffordd mae hi'n cyferbynnu
  gwahanol ddeunyddiau: lledr a gwydr, gwaed a phapur,
  Vaseline a dur; mae'n creu ymateb yn y gwyliwr sydd / yn
  gorfforol, bron.

– Mae arna i ofn taw narsisiaeth bur sy' gyda ni fan hyn. A
  dw i'n credu bod angen i ni ofyn i ni'n hunain: pwy ar wyneb
  daear fyddai'n derbyn bod y ffuantu dilywodraeth yma'n
  gelfyddyd? . . .

– Ie, yn hollol, ond dyna'r union bwynt mae hi'n trio'i wneud:
  Ble mae'r ffiniau? *Beth yn union* sydd yn dderbyniol? . . .

– . . . mae'r holl beth yn hollol / hunanfoddhaol.

– . . . Ble mae'r ffin rhwng y 'bywyd' – yn llythrennol yn yr
  achos yma – a'r 'gwaith'?

54

– Â phob parch, dw i'n credu y byddai hi'n ystyried y syniad o 'wneud pwynt' yn boenus o henffasiwn. Os yw'r gwaith yn gwneud unrhyw bwynt o gwbl, yna'r pwynt hwnnw yw nad y pwynt sydd yn cael ei wneud yw'r pwynt mewn gwirionedd, ac nad dyna oedd y pwynt erioed. Y pwynt, siawns, yw bod chwilio am y pwynt yn *ddi*-bwynt a taw holl bwynt y gwaith – hynny yw, y ffyrdd yma o geisio'i bywyd ei hun – yw dangos hynny. Mae'n gwneud i fi feddwl am y ddihareb Tsieineaidd: y man tywyllaf bob amser yw'r man yn union o dan y lamp.

Tawelwch. Yn y tawelwch:

inc

dig

nodwydd

nofio

siwrne

glas

lamp

pechu

bara

cyfoethog

coeden

pigo

trueni

melyn

mynydd

marw

halen

newydd

arfer

gweddïo

– Y beth?

- Y man tywyllaf. Dihareb / Tsieineaidd.

- *Pam* na all pobl ddysgu sut i dynnu llun? *Pam* na all pobl ddysgu sut i beintio? Dylai myfyrwyr ddysgu *sgiliau*, nid syniadau. Oherwydd beth sy' 'da ni fan hyn yw gwaith merch ddylai fod wedi cael ei derbyn nid i ysgol gelf ond i uned seiciatrig.

Tawelwch. Yn y tawelwch:

arian
twp
llyfr nodiadau
casáu
bys
annwyl
aderyn
cwympo
llyfr
anghyfiawn
broga
ffarwelio
chwant
gwyn
plentyn
talu sylw
pensil
trist
eirinen
priodi

- Beth?

- Ysbyty meddwl. Rhywle lle gallai hi fod wedi / derbyn triniaeth.

— Wel, mae'n rhaid i fi ddweud, dw i'n credu bod hwnna'n
sylw anhygoel – sylw na fydden i'n disgwyl ei glywed ond
mewn police state . . .

— O *plîs* . . .

— . . . ac sydd – na, sori, sori, ma' rhaid i fi ddweud hyn – ti fel
taset ti o blaid ailsefydlu ryw syniad o *Entartete Kunst* . . .

— Rybish llwyr. Ma' hwnna'n abswrd. Ti'n / gorymateb.

— . . . y syniad o wahardd 'celfyddyd fas'. Rybish? Sai'n credu.
Un o syniadau'r Nazis oedd hwnna. Gwranda arnat ti dy
hun. Er mwyn dyn. Ti'n dweud na ddylai'r artist yma gael
yr hawl i gynhyrchu'i gwaith ac yn lle hynny y dyle hi gael
ei gorfodi i gael triniaeth seiciatrig.

— Dw i jyst yn awgrymu bod y ferch druan . . .

— 'Y ferch druan.'

— . . . ie bod y ferch druan, bod angen help ar y ferch druan – a
nes i ddim awgrymu o gwbl – a ti'n gwbod hynny'n iawn – y
dylai hi gael ei / 'gorfodi'.

— Angen help? O, felly. Ym marn pwy? Goebbels? Joseph Stalin?
On'd yw Ann yn rhag-weld goblygiadau brawychus y ddadl
yna – ac yn gofyn beth yw ystyr 'help' mewn gwirionedd?
On'd yw hi'n dweud, 'Dw i ddim eisiau'ch help'? On'd yw hi'n
dweud, 'mae eich help yn fy ngormesu'? On'd yw hi'n dweud
taw'r unig ffordd o osgoi gormes systemau patriarchaidd
cyfalafiaeth ar ddiwedd yr ugeinfed ganrif yw i *ormesu hi'i
hun?*
Onid dyna wir ystyr y gwaith? Yr ymdrechion yma . . . ?

– Gormesu hi'i hun – syniad diddorol.

– O, er mwyn dyn.

Tawelwch. Yn y tawelwch:

tŷ
anwylyd
gwydr
cweryla
ffwr
mawr
moronen
peintio
rhan
hen
blodyn
curo
blwch
gwyllt
teulu
golchi
buwch
ffrind
hapusrwydd
dweud celwydd

– Wel, beth bynnag yw'n agendas personol ni, dw i'n credu y
gallwn ni gytuno bod y gwaith yn garreg filltir. Mae'n symud
dyn. Mae'n amserol. Mae'n ysigol. Mae'n ddoniol. Mae'n
sick. Mae'n secsi. / Mae'n hynod ddwys. Mae'n ddifyr. Mae'n
ddirgel. Mae'n dywyll. Mae'n hynod bersonol ond, ar yr un
pryd, yn codi cwestiynau pwysig am y byd cyfoes.

- (*ciw 'secsi'*) O er mwyn dyn. Gormesu hi'i hun? Os yw hi wir – ac mae'n ymddangos ei bod hi – yn trio lladd ei hun, yna 'dyn ni'n ddim gwell na voyeurs yn Bedlam. Ar y llaw arall, os taw chwarae rôl y mae hi, yna dyw'r holl beth yn ddim ond perfformiad sinigaidd ac yn fwy annymunol fyth.

- Pam hynny? Pam lai? Pam na ddylai'r peth fod yn / 'berfformiad'?

- Yn hollol – mae'n troi'n rhyw fath / o berfformiad theatrig.

- Hollol. Theatr ar gyfer byd lle mae'r theatr wedi marw. Yn lle'r confensiynau hen ffasiwn – deialog a 'chymeriadau' honedig yn ymlwybro tuag at ddiweddglo theatrig embarrassing, mae Ann yn cyflwyno deialog o wrthrychau: lledr a gwydr, Vaseline a dur, gwaed, poer a siocled. Mae hi'n rhoi ger ein bron ddim llai na sbectacl ei bodolaeth, pornograffi radical – os ca' i ddefnyddio'r gair ystrydebol hwnnw – ei chorff drylliedig ei hun, ei chorff Cristaidd bron.

- Gwrthrych, mewn geiriau eraill. Gwrthrych *crefyddol*.

- Gwrthrych, ie. Ond nid gwrthrych pobl *eraill,* ei gwrthrych *hi'i hun.* Dyna'r senario / mae hi'n rhoi gerbron.

- Ond r'yn ni wedi gweld hynny siawns. On'd 'yn ni wedi gweld hynny i gyd eisoes, yn 'radicaliaeth' honedig y chwedegau strôc saithdegau?

Tawelwch. Yn y tawelwch:

ymarweddiad
cul
brawd
ofni

crëyr
ffug
gwewyr meddwl
cusanu
priodferch
pur
drws
dewis
gwellt
bodlon
gwatwar
cysgu
mis
neis
menyw
cam-drin

– R'yn ni *wedi*'i weld e – falle wir. Ond ddim fel hyn, ddim yng nghyd-destun y byd *ôl*-radical, ôl-*ddynol*, lle mae geirfa radicaliaeth yn magu ystyr newydd, mewn cymdeithas lle mae'r weithred radical yn ddim mwy na ffurf arall ar adloniant, cynnyrch, hynny yw – gwaith celfyddydol yn yr achos yma – / rhywbeth i'w berchnogi.

– Does gan y theatr ddim byd i'w wneud â hyn a dw i'n gwrthwynebu'n ffyrnig yr awgrym bo' fi'n rhyw fath o Nazi.

12

RHYFEDD!

– Mae hi'n gadael y ddinas ddrylliedig mewn Cadillac coch
sy'n dyddio o tua 1956 . . .

– ENW!

– . . . mae'n cyrraedd checkpoint wedi'i oleuo gan bentwr o
deiars ar dân ac maen nhw'n mynnu gwybod – yn union –
ei henw.

– RHYFEDD!

– Yn rhyfedd ddigon, dyw hi ddim yn ymateb i'r hyn sydd i
bob pwrpas yn gwestiwn digon rhesymol ond yn cychwyn
yn lle hynny ar lith o regfeydd. 'Bastad llofruddwyr,' meddai.
'Y ffwcwyr moch.'

– IAITH!

– 'Bastads, motherfuckers, llofruddwyr.'

– IAITH!

– 'Dw i'n cachu ar eich beddau ac ar feddau eich mamau
a'ch tadau . . .'

– PAPURAU!

– '. . . melltith ar bob cenhedlaeth newydd.' Ac ar ôl iddyn
nhw ofyn iddi eto – yn hollol – am gael gweld ei charden
adnabod, mae hi'n tewi.

– TAWELWCH!

Tawelwch.

BETH?

Tawelwch.

BETH?

– Yna mae hi'n mwmian rhywbeth am ei gardd a'r coed eirin
a'r ffowntens yn y ddinas sydd wedi mynd yn sych. Rhywbeth
– beth yw hyn? – am ddŵr roedd hi'n arfer ei dwymo mewn
poteli plastig er mwyn peidio â niweidio'r gwreiddiau. Mae'n
mwmian rhywbeth am . . .

– METHU CLYWED!

– . . . mae'n mwmian rhywbeth am – ie, ni methu clywed, yr ast
– rhywbeth am y trydan yn cael ei dorri, treulio nosweithiau
cyfain mewn tywyllwch hollol a'r cig yn y rhewgell yn dadmer.
Am y menywod yn curo sosbenni yn y strydoedd fel rhyw
fath o alargan . . .

– ENW!

– . . . am lyfrgelloedd yn llawn llyfrau a llawysgrifau
amhrisiadwy yn cael eu llosgi ac am fara stêl yn cael ei
daflu oddi ar gefn loris ac yn mwmian o hyd ac o hyd
am yr eirin a'r blodau gwyn . . .

– YN Y CYFAMSER!

– . . . ac arogl coffi carthffosiaeth a gweddillion dynol ac yn y
cyfamser – 'na ti, yn y cyfamser – diolch – mae'r milwyr yn

heidio o amgylch y fenyw ddienw â'r gwaed yn drwch yn ei gwallt hir llwyd a'r Cadillac coch sy'n cael ei oleuo gan y pentyrrau o deiars ar dân ac maen nhw'n gofyn iddi lle ffyc, lle ffyc ar wyneb y ffycin ddaear wen mae hi'n meddwl mae hi'n mynd?

Tawelwch.

– BETH?

Tawelwch.

BETH?

– 'I'r maes awyr.'

– METHU CLYWED!

– 'I'r maes awyr. Dw i'n cymryd fy mhlentyn i'r maes awyr. Does dim angen gweiddi. Dw i'n fenyw ddeallus – nid rhyw hic o'r wlad wedi dod i'r ddinas i lanhau tai bach pobl gyfoethog. Ma' pasbort 'da fi a chyfri banc mewn doleri a dw i'n cymryd fy mhlentyn i'r maes awyr.'

– RHYFEDD!

– 'Felly, plîs, gadewch i fi fynd.' Ond ie, fel wedest ti, yn rhyfedd ddigon, does 'na ddim plentyn i'w weld. Plentyn? Pa blentyn? A dyw menywod deallus â phasborts ddim yn edrych fel hyn. Dyw menywod â chyfrifon banc mewn doleri ddim yn edrych fel hyn. Mae'n nhw'n cael lliwio'u gwallt gan bobl broffesiynol mewn salons, gyda chemegau pwrpasol, nid â gwaed dynol. 'Dyn nhw ddim yn gyrru hen Cadillacs drylliedig, maen nhw'n berchen ar jîps gyriant pedair-olwyn o Japan â theiar sbâr na ddefnyddian nhw

byth yn sownd yn y drws cefn. Dere i ni gael cipolwg ar y
sedd gefn . . . I ni gael gweld am beth mae hi'n sôn.

– PLENTYN? PA BLENTYN?

– Dere â'r fflachlamp rwber – pa blentyn – gwmws – i ni
gael gweld pa blentyn a beth yn gwmws mae hi'n meddwl,
y fenyw ddienw yma â'r wyneb creithiog a'r gwallt hir
llwyd. A gan ein bod ni'n sôn am ei hymddangosiad, pam
na all hi fod ychydig yn fwy deniadol? Ychydig bach yn
fwy hoffus? Pam nad oes cwpwl mwy o ddannedd gyda hi?
Pam na all hi blygu a dangos ei thin i ni? Pam na all hi
ddechrau crio a gwneud i ni fod eisiau'i chysuro – yn
hytrach na syllu a bytheirio fel yna.

– RHYFEDD!

– Felly – beth? – ie – sori – yn rhyfedd ddigon, yr hyn sydd i'w
weld yng ngolau'r fflachlamp yw dau fag plastig sgleiniog
du wedi'u clymu yn y pen – ond dim golwg o blentyn.

– PLENTYN? PA BLENTYN?

– Ac mae hi'n mwmian rhywbeth nawr am . . .

– METHU CLYWED!

– . . . rhywbeth am swing mewn gardd, rhywbeth am ei merch
fach, ei Hann fach, ei Hannushka. Rhywbeth – beth yw
hyn? Ni methu clywed – rhywbeth am ei Hannushka fach
'yn y bagiau' a'i bod hi angen mynd â'r bagiau ar frys i'r
maes awyr, mynd â'i haddysg a'i chyfri banc mewn doleri
i'r maes awyr i brynu tocynnau awyren. Dyw hi ddim yn
sylweddoli bod y maes awyr ar gau? Na chlywodd hi'r
lanfa'n cael ei bomio? Na welodd hi'r rocedi manwl gywir

yn plymio drwy'r concrit fel cerrig yn cael eu gollwng i bwll
nofio?

– RHYFEDD!

– Dyw hi ddim yn gallu teimlo gwres gwynias tanwydd yr
awyrennau? Na. Yn rhyfedd ddigon, fel wedest ti, mae hi
fel tase hi'n meddwl bod y maes awyr yn gweithio'n normal.
Yn rhyfedd ddigon, mae hi dan yr argraff bod traethau
gwynion a dinasoedd cosmopolitan y byd yn dal i fod
gwpwl o oriau'n unig i ffwrdd ar awyren gyffredin.

– RHYFEDD!

– Mae'r fenyw ddienw yma fel tase hi'n meddwl y gall hi
ddefnyddio'i charden plastig i dynnu arian a hedfan first
class gyda Ann fach, Annushka fach, allan o gyrraedd y
gynau a'r bwyelli, i ddinas yn llawn orielau, lampau halogen,
caffis bach swynol a rhesi cywrain o sgidiau mewn siopau
deniadol.

– RHYFEDD!

Tawelwch.

– A na, – yn rhyfedd ddigon – does neb yn gofyn iddi beth
mae hi'n meddwl bod 'Annushka yn y bagiau'.

– RHYFEDD!

Tawelwch.

– A na, – yn rhyfedd ddigon – does neb yn gofyn am gael
archwilio'r bagiau.

– RHYFEDD!

Tawelwch.

– A na, – yn rhyfeddach na dim efallai – does neb yn gofyn
   pam y byddai plentyn mewn dau fag yn hytrach nag un.

Tawelwch.

– RHYFEDD!

13

CYFATHREBU Â BODAU ARALLFYDOL

– *Yna* r'yn ni'n clywed bod pelydrau dirgel yn treiddio'i
chorff ac yn ei gwneud hi'n anweledig mewn lluniau.

– Beth? X-rays?

– Na, ddim X-rays. Pelydrau o fath newydd. Pelydrau o fath
newydd sy'n ganlyniad i ffrwydrad yn *y gofod* / *pell*.

– Ti'n meddwl – OK – bod hi'n defnyddio'r pelydrau yma –
dyna ti'n ddweud? – i gyfathrebu â bodau arallfydol?

– Ddim i *gyfathrebu*, na. Mae'r aliens yn ei defnyddio hi.
Maen nhw'n ei defnyddio hi *heb yn wybod* / *iddi*.

– Mae'r aliens – ti'n iawn – yn defnyddio'i meddwl fel rhyw
fath o geffyl Caerdroea, er mwyn meddiannu'r ymwybod
dynol / yn *llwyr*.

– A'r peth brawychus yw y galle hi fod yn unrhyw un ohonon
ni.

14

Y FERCH DRWS NESA'

Hi yw'r ferch drws nesa
Hi yw'r pechod gwaetha'
Hi yw Helen o
Gaerdroea.

Mae'n frenhines bur
Mae hi'n llawn ing a chur
Mae'n ffoadur
Ar geffyl a chart.

Mae hi'n seren porno,
Llofrudd a math o foto
LLOFRUDD A MATH O FOTO

Mae hi'n bygwth trais
Mae hi'n fam i dri
Mae hi'n sigarét rad
Mae hi'n Ecstasi.

Mae hi'n femme fatale
Mae hi'n llwyr ar chwâl
Mae hi'n hogan hanner call,
Mae hi'n dod o blaned arall.

Mae'n ymgeisydd arlywyddol
Ymhob gwlad ryfelgar ymylol
YMHOB GWLAD RYFELGAR YMYLOL!

Mae'n treulio'r gaeaf yn haul y de
Mae'n hoff o gasglu hen bethe

Mae ganddi geg fawr
Ond dyw hi byth yn yngan gair.

Mewn coedwig lom mae dyn
Mewn clogyn du
Yn ei gorchymyn
I gloddio'i bedd ei hun.

Mae'n gyrru tanc
Dros fabanod newydd-anedig
Ac yn dewis ei banc
Ar sail cyfraddau gostyngedig

Mae'n bomio'n y dirgel
Mae ganddi gyfoeth di-gêl
Un bys troed ar ddeg
UN BYS TROED AR DDEG?
Ac mae'n siarad Japaneeg.

O-shigoto wa nan desu ka?
Oku-san wa imasu ka?
OKU-SAN WA IMASU KA?

Mae hi'n lliw haul ffug
Hi yw'r braster ar y cig
Hi yw llais y llan
Hi yw'r cachu hanner-pan.

Pan ddechreuodd y saethu
Roedd hi o 'na fel milgi.

Mae hi'n ferch ar y ffin
Mae hi'n fachgen gyda dyn
Mae hi'n ddynes gyda femme
Mae hi'n ddyn sy'n gyrru fan.

Mae hi'n dilyn pêl-droed
Ac yn hoffi mynd i wylio
Ond mae'n methu canolbwyntio.
MAE'N METHU CANOLBWYNTIO!

Mae hi'n hela
Mae'n rhyfela
Hi yw'r pechod gwaetha

Hi yw'r ferch hi yw'r ferch
Hi yw'r ferch hi yw'r ferch
Hi yw'r ferch hi yw'r ferch
HI YW'R FERCH DRWS NESA'!

15

Y DATGANIAD

Tawelwch.

– Mae hi'n gyrru'i beic ymhob tywydd, meddech chi.

– Ydy. Ymhob tywydd.

Tawelwch.

– Ac mae hi'n gwisgo het.

– Ydy. Mae'n gwisgo het.

– Het, meddech chi, y mae hi wedi'i gwau ei hun.

– Ie, dw i'n meddwl.

Tawelwch.

– Mae'n tyfu tomatos mewn . . .

– Potiau margarine.

– Potiau margarine.

– Ie, 'na ni.

Tawelwch.

Neu botiau . . .

– Iogwrt, ie.

– Ie.

– Dw i'n gweld.

Tawelwch.

Pam mae hi'n gwneud hynny, yn eich barn chi?

– Beth? Tyfu planhigion tomatos?

– Ie.

Tawelwch.

– Ffeiriau.

– Beth?

– Ffeiriau. I'w gwerthu nhw mewn ffeiriau lleol.

– Wrth gwrs. Ac mae'n siŵr ei bod hi'n eu cymryd nhw i'r ffeiriau 'ma ar ei beic.

– Ydy.

– Ymhob tywydd.

– Hollol.

– Mewn bocs cardfwrdd.

– Ie.

– A pham mae hi'n gwneud hynny, yn eich barn chi? Pam mae hi'n cymryd y, beth, y planhigion tomatos yma, yn eu potiau iogwrt, i ffeiriau lleol ar ei beic ymhob tywydd?

Tawelwch hir.

Fe ddwedoch chi – rwy'n dyfynnu – yn blentyn roedd hi'n rhannu gwely â dau neu dri o'i brodyr a'i chwiorydd iau. Ydych chi'n dal at y datganiad hwnnw?

– Ydw.

– Pam?

– Am 'i fod e'n wir.

– 'Am 'i fod e'n wir.'

– Am 'i fod e'n wir. Am eu bod nhw'n dlawd. Do'n nhw ddim yn berchen ar ryw lawer.

– Byd gwahanol, yh?

Tawelwch.

Os wnewch chi arwyddo fan hyn.

– Sori?

– Ie. Wnewch chi jyst arwyddo fan hyn i nodi eich bod chi wedi darllen y datganiad a'i fod yn gofnod cywir.

Tawelwch.

Wel, mae'n gofnod cywir, on'd yw e?

73

– Oes pen 'da chi?

Maen nhw'n dod o hyd i ben ac yn tynnu'r caead. Arwyddir y papur ac fe ddychwelir y pen.

Tawelwch.

Na'r cwbl?

– Am y tro. Diolch.

Tawelwch.

Diolch yn fawr i chi.

Tawelwch.

16

PORNÓ

*Mae'r prif lefarydd yn fenyw ifanc iawn. Wrth iddi siarad caiff ei geiriau'u cyfieithu'n ddiemosiwn i'r Rwsieg.**

- Mae blynyddoedd gorau'i bywyd yn dal o'i blaen hi.
- [cyfieithiad]

- Fe all hi fod yn ddwy ar bymtheg neu'n ddeunaw oed . . .
- [cyfieithiad]

- . . . ond yn ddelfrydol bydd hi'n iau . . .
- [cyfieithiad]

- . . . pedair ar ddeg, efallai, neu'n iau hyd yn oed.
- [cyfieithiad]

- Mae'n hollbwysig cofio taw hi sy'n rheoli pethe.
- [cyfieithiad]

- Hi sy'n rheoli popeth sy'n digwydd.
- [cyfieithiad]

- Hyd yn oed pan fo pethe'n ymddangos yn dreisgar neu'n beryglus.
- [cyfieithiad]

- Argraff yw hynny'n unig.
- [cyfieithiad]

- (*chwerthiniad ysgafn*) Yn amlwg.
- [cyfieithiad]

- (*chwerthiniad ysgafn*) Wrth gwrs, does 'na ddim *stori* fel y cyfryw . . .
- [cyfieithiad]

- . . . na chymeriadau.
- [cyfieithiad]

- Ddim yn yr ystyr gonfensiynol, beth bynnag.
- [cyfieithiad]

- Ond dyw hynny ddim yn golygu nad oes angen talent.
- [cyfieithiad]

- 'Ni'n dal angen credu bod yr hyn sydd o'n blaenau'n real.
- [cyfieithiad]

- Nid dim ond chwarae rôl.
- [cyfieithiad]

- Mae'n llawer mwy sylweddol nag actio mewn gwirionedd – a hynny am y rheswm syml ei fod yn digwydd go iawn.
- [cyfieithiad]

Saib. Mae hi fel tasai hi wedi anghofio'i geiriau ac yn edrych i ochr y llwyfan am atgoffâd.

- Lein?

- (*prompt*) Mae hi'n mwynhau'i gwaith.
- Beth?
- (*prompt mwy pendant*) Mae hi'n mwynhau'i gwaith.
- Mae hi'n mwynhau'i gwaith.
- [cyfieithiad]

- Mae hi'n ifanc, yn iach ac yn hapus â'i chorff.

- [cyfieithiad]

- Mae'r hyn a wna â'i chorff yn fater iddi hi.
- [cyfieithiad]

- Yn amlwg.
- [cyfieithiad]

- Dyw Porn ddim yn ei rhwystro hi rhag byw bywyd normal.
- [cyfieithiad] (*yn y cyfieithiad dylai fod gan y gair 'porno' bwyslais penodol: 'pornó'.*)

- Mae ganddi gariad normal . . .
- [cyfieithiad]

- . . . a holl ddiddordebau normal merch o'r un oed â hi.
- [cyfieithiad]

- (*chwerthiniad ysgafn*) Dillad.
- [cyfieithiad]

- Bechgyn.
- [cyfieithiad]

- Colur. Anifeiliaid anwes.
- [cyfieithiad]

- Cerddoriaeth.
- [cyfieithiad]

- Y gwahaniaeth yw . . .
- [cyfieithiad]

- . . . bod Porn yn paratoi dyfodol sicr ac annibynnol iddi – dyfodol y byddai llawer o ferched yn falch iawn ohono.

– [cyfieithiad]

– Mae Porn . . .
– [cyfieithiad]

– . . . yn ffordd o sicrhau rheolaeth.
– [cyfieithiad]

– Mae Porn . . .
– [cyfieithiad]

– . . . y gwrthwyneb hollol i'r hyn yr ymddengys.
– [cyfieithiad]

– Oherwydd yn hytrach na *derbyn* y delweddau . . .
– [cyfieithiad]

– . . . hi'n sy'n eu cynhyrchu nhw.
– [cyfieithiad]

– Mae hynny, iddi hi, yn un o rinweddau mawr Porn.
– [cyfieithiad]

Saib arall. Mae hi fel tasai hi wedi anghofio'i geiriau – ond dylai hynny awgrymu anesmwythyd sydd yn aros dan yr wyneb am y tro. Mae hi'n chwilio am prompt arall.

– Lein?
– (*prompt*) Mae hi'n gwerthfawrogi swyn y machlud.
– Beth?
– (*prompt mwy pendant*) Mae hi'n gwerthfawrogi / swyn y machlud.
– Mae hi'n gwerthfawrogi swyn y machlud, y golau oren llachar sydd yn dal topiau'r coed pinwydd tal.
– [cyfieithiad]

- Mae ganddi fywyd mewnol.
- [cyfieithiad]

- Mae hi'n ymateb â sensitifrwydd i'r byd o'i hamgylch.
- [cyfieithiad]

- Mae'r ddelwedd o blentyn darostyngedig, ar gyffuriau . . .
- [cyfieithiad]

- . . . wedi colli'r gallu i deimlo . . .
- [cyfieithiad]

- . . . sy'n cael ei ffilmio heb yn wybod iddi . . .
- [cyfieithiad]

- . . . yn hurt ac ystrydebol.
- [cyfieithiad]

Saib arall. Mae hi'n chwilio eto am prompt.

- Lein?
- (*prompt*) Mae popeth mae hi'i angen wedi'i ddarparu ar ei chyfer.
- Beth?
- (*prompt mwy pendant*) Mae popeth mae hi'i angen wedi'i ddarparu ar ei chyfer.

Saib.

- Alla' i ddim.
- [cyfieithiad]

Saib.

- Alla' i ddim.

– [cyfieithiad]

Mae hi'n troi i ffwrdd. Eiliad o ansicrwydd. Yna daw siaradwr
arall i gymryd ei lle. Hynny yw, mae'n debyg y bydd gweddill y
cwmni wedi ymddangos erbyn hyn ac fe allen nhw rannu'r llinellau
canlynol, wrth i'r ferch gyntaf yfed glased o ddŵr a dod ati'i hun;
eto, dylai fod yn aneglur i'r gynulleidfa a yw hi'n dioddef o nerfau
neu wedi'u hypsetio go iawn.

Mae'r cyfieithydd yn ddiemosiwn fel o'r blaen.

– Mae popeth wedi'i ddarparu ar ei chyfer. Gan gynnwys
   addysg normal.
– [cyfieithiad]

– Erbyn ei phen-blwydd yn un ar hugain, bydd blynyddoedd
   gorau'i bywyd yn dal o'i blaen hi . . .
– [cyfieithiad]

– . . . a bydd arian gyda hi yn y banc, diolch i Porn.
– [cyfieithiad]

– Nid pawb sydd mor lwcus.
– [cyfieithiad]

– Nid pawb sydd yn cael y cyfleoedd hyn.
– [cyfieithiad]

– Yn amlwg.
– [cyfieithiad]

Mae'r ferch ifanc yn dechrau cymryd rhan yn yr olygfa eto, gyda
chymorth y lleisiau eraill.

– Fe allai hi fod yn fodel, er enghraifft . . .

- [cyfieithiad]

- . . . yn gyflwynydd teledu . . .
- [cyfieithiad]

- . . . prynu'i thafarn wledig ei hun neu deithio'r byd.
- [cyfieithiad]

- Fe allai hi beintio . . .
- [cyfieithiad]

- . . . nofio'n broffesiynol . . .
- [cyfieithiad]

- . . . neu astudio am radd mewn peirianneg cemegol.
- [cyfieithiad]

Ag egni cynyddol, bob un.

- Fe allai Ann newid y byd . . .
- [cyfieithiad]

- . . . atal dioddefaint anifeiliaid . . .
- [cyfieithiad]

- . . . atal dioddefaint dynol . . .
- [cyfieithiad]

- . . . a dysgu sut i hedfan hofrenyddion . . .
- [cyfieithiad]

Mae cerddoriaeth ffidil sipsi egnïol yn cychwyn.

- Bydd Ann yn dosbarthu adnoddau'r byd yn gyfartal ar hyd y ddaear . . .

- [cyfieithiad]

- . . . yn codi trueiniaid y byd o'r llwch . . .
- [cyfieithiad]

- . . . tra'n gwarantu breintiau'r dosbarth canol.
- [cyfieithiad]

- Bydd hi'n poblogeiddio theorïau seicdreiddiad . . .
- [cyfieithiad]

- . . . drwy archwilio gwraidd ymddygiad dynol . . .
- [cyfieithiad]

- . . . mewn cyfres o erthyglau cylchgrawn wythnosol.
- [cyfieithiad]

Mae'r gerddoriaeth yn cryfhau.

- Mae Ann wedi gweld y byd o'r gofod . . .
- [cyfieithiad]

- . . . plygiadau'r mynyddoedd . . .
- [cyfieithiad]

- . . . a'r afonydd yn edafedd gleision.
- [cyfieithiad]

- Mae hi wedi cloddio'r beddi bas . . .
- [cyfieithiad]

- . . . ac archwilio penglogau drylliedig y meirw.
- [cyfieithiad]

- Mae hi wedi darlledu gwybodaeth ar y ffibrau optig . . .

– [cyfieithiad]

– . . . a dawnsio â gronynnau golau.
– [cyfieithiad]

Mae'r gerddoriaeth yn cryfhau. Mae'r siaradwyr yn gwahanu'n ddwy ffrwd gyfochrog, y ddwy wedi'u cyfieithu i ieithoedd gwahanol – o Gymraeg i Rwsieg yn y gyntaf, o Gymraeg i Ffrangeg yn yr ail:

– Mae Ann wedi glanhau
strydoedd Bwcarést . . .
– [cyfieithiad]

– Bydd Ann nawr yn esbonio
sut y dylech ymateb os bydd
peryg o ddamwain . . .
– [cyfieithiad]

– . . . a gwrando ar galonnau
babanod yn y groth.
– [cyfieithiad]

– . . . ac os clywch chi rybudd
gan y stiwardiaid.
– [cyfieithiad]

– Mae hi wedi toddi gyda'r
capiau ia . . .
– [cyfieithiad]

– Pen i lawr.
– [cyfieithiad]

– . . . a llifo i'r tir delta
ffrwythlon.
– [cyfieithiad]

– Pengliniau dan eich gên.
– [cyfieithiad]

– Hyrwyddodd fath o lager
cyfandirol wedi'i fewnforio.
– [cyfieithiad]

– Os bydd angen ocsigen . . .
– [cyfieithiad]

– Prynodd dudalen gyfan
mewn papur newydd . . .

– . . . bydd masgiau'n disgyn

– [cyfieithiad]

– . . . er mwyn argraffu
ymddiheuriad didwyll.
– [cyfieithiad]

– Mae hi wedi difa
sipsiwn . . .
– [cyfieithiad]

– . . . a phrynu sprigyn o'r
grug lwcus.
– [cyfieithiad]

– Mae hi wedi hongian ar
groes i farw . . .
– [cyfieithiad]

– . . . a chodi'r trydydd dydd
o farw'n fyw . . .
– [cyfieithiad]

– . . . tyfodd farf . . .
– [cyfieithiad]

– . . . a chyrraedd dinas
Mecca mewn gorfoledd.
– [cyfieithiad]

o'ch blaen yn awtomatig.
– [cyfieithiad]

– Tynnwch ar y masg i
ddechrau'r llif ocsigen.
– [cyfieithiad]

– Peidiwch ag ysmygu tra bydd
ocsigen yn cael ei ddefnyddio.
– [cyfieithiad]

– Sicrhewch eich bod wedi
gwisgo'ch gwregysau . . .
– [cyfieithiad]

– . . . wedi plygu'ch bwrdd . . .
– [cyfieithiad]

– . . . ac wedi unioni'ch cadair.
– [cyfieithiad]

– Yn ystod y daith . . .
– [cyfieithiad]

– . . . byddwn yn pasio drwy'r
awyren â rhestr o nwyddau
di–dreth.
– [cyfieithiad]

– Bydd Ann yn ein
hamddiffyn rhag pryderon
ein canrif . . .
– [cyfieithiad]

– . . . ac yn diffinio cyfnod
newydd pan gaiff yr ysbrydol
a'r materol . . .
– [cyfieithiad]

– . . . y masnachol a'r
gwamal . . .
– [cyfieithiad]

– . . . tonnau a phelydrau . . .
– [cyfieithiad]

– . . . eu huno o'r diwedd!
– [cyfieithiad]

– Bydd Ann yn ein
hamddiffyn rhag pryderon
ein canrif . . .
– [cyfieithiad]

– . . . ac yn diffinio cyfnod
newydd pan gaiff yr ysbrydol
a'r materol . . .
– [cyfieithiad]

– . . . y masnachol a'r
gwamal . . .
– [cyfieithiad]

– . . . tonnau a phelydrau . . .
– [cyfieithiad]

– . . . eu huno o'r diwedd!
– [cyfieithiad]

* *Iaith Affricanaidd, Dde Americanaidd neu Ddwyrain Ewropeaidd
yw'r cyfarwyddyd yn y Saesneg. Portwgeeg Brasil a ddefnydd-
iwyd yn y cynhyrchiad Saesneg cyntaf.*

17

PREVIOUSLY FROZEN

– Iawn, ma' tipyn ar ei meddwl hi. Ma' pethe wedi . . .

– Oes, siŵr.

– . . . ma' pethe wedi beth? Ma' pethe wedi *newid* iddi dros y blynyddoedd diwethaf.

– Ti yn llygad dy le.

– Mae'n amlwg – man a man i ni wynebu pethe – ti'n gallu gweld ar ei hwyneb bod rhywbeth ynddi fel petai wedi marw.

– Wedi beth?

– Wedi marw. Ma' rhywbeth ynddi / wedi marw.

– Mae'n teimlo'i bod hi wedi methu.

– Yn hollol. Mae'n teimlo'i bod hi wedi methu yn ei gwaith.

– Ond yn bersonol hefyd – yn ei gwaith, ie – ond yn bersonol hefyd, mae hi'n teimlo bod rhywbeth ar y tu fewn iddi wedi marw.

– Ac *ydy* e?

– Beth?

– Wedi marw.

– Ydy beth wedi marw?

– Y peth 'ma, y peth 'ma tu fewn iddi.

– Pa beth tu fewn iddi?

– Y peth, y peth, y peth, y peth / ar y tu fewn iddi.

– Yn ei hachos hi, ydy – 'wedwn ni'i fod e *wedi* marw. 'Wedwn
ni bod popeth y gweithiodd hi i'w gyflawni – ar hyd ei bywyd
– wedi marw. (*Chwerthin*) 'Wedwn ni bod ei bywyd hi tan
nawr wedi bod yn beth? beth? fel . . .

– Fel llyfr?

– Fel llyfr, fel . . .

– Fel edefyn?

– Fel llyfr, fel edefyn, fel . . .

– Fel llong?

– Fel llong. Beth am i ni ddweud bod ei bywyd – ie, da iawn –
hyd y foment hon wedi bod fel llong, cwch yn hytrach, cwch
bach . . .

– Yn hwylio.

– . . . yn hwylio'n hapus braf ar lyn. Ond nawr mae hi'n
teimlo'r dŵr . . .

– Yn dod i mewn drwy'r craciau?

– Yn treiddio.

– Yn treiddio beth?

– Ei chalon glaf.

Chwerthin.

– Ei chalon – yn hollol – ie – hollol – ei chalon glaf. Mae hi'n teimlo dŵr y llyn yn treiddio'i / chalon glaf.

– Mae hi wedi gadael ei gwaith. Mae'i phlant wedi gadael cartre'.

– A'i *gŵr* wedi'i gadael hi. Ble mae *e* nawr?

– Paris? Prâg? / Fiena? Berlin?

– Paris? Prâg? Ffwcio? Ffwcio rhywun hanner ei hoedran hi mewn dinas yn llawn o balasau'r Dadeni a nendyrau Baróc? / Yn actio rhyw ffantasi adolesant wrth iddi hi geisio ailsefydlu'i bywyd.

– Ond do'dd dim gŵr gyda hi.

– Sori?

– Dim gŵr. Doedd hi byth yn credu mewn priodi.

– Iawn. Falle bod hi ddim yn credu yn y *syniad* o briodas ond ro'dd gŵr gyda hi 'run fath.

Chwerthin.

– Paul.

– Pwy?

– Paul?

– Nage fe o'dd ei gŵr hi?

– Paul? 'Odd Paul ddim yn *ŵr* iddi.

Chwerthin.

– Wel pwy oedd e 'te?

– Sai'n gwbod. 'Odd e jyst yn rhyw fath o, rhyw fath o, jyst yn rhyw fath o . . . / *rywun.*

– Fel smygu.

– Beth? Ie, hollol. Fel smygu sigaréts.

Tawelwch.

– A sôn am hynny, o't ti'n gwbod bod y blwch llwch yna'n dal gyda hi? Yr un tal â'r goes hir?

– A sôn am beth?

– Am hynny. A sôn am hynny.

– Nag yw.

– Ydy mae. Mae hi'n dal i'w gario fe gyda hi o stafell i stafell.

– Hen beth hyll.

– Dyw e ddim yn hyll.

– Mae e fel rhywbeth allan o lobi gwesty rhad, y math o westy ti'n mynd iddo fe am gwpwl o oriau ar ddiwrnod gwaith mewn dinas ddieithr gyda dyn / ti newydd gwrdd â fe.

– Gyda dyn na weli di mohono fe eto.

– Gyda dyn – yn gwmws – ti newydd gwrdd â fe a dim bwriad o gwbl gyda ti o'i weld e eto. Y bowlen chrome a'r goes hir chrome a'r ffordd mae e'n 'neud i ti feddwl am ryw sydyn anniogel mewn ystafelloedd rhad. Cuspidor? Beth yw hwnna?

– Ydy mae. Mae e fel spittoon. Neu beth yw'r peth arall yna?

– Beth yw beth?

– Y peth yna. Beth yw'r gair yna. Y gair arall yna . . .

– Gair arall am spittoon?

– Humidor?

– Na, nid humidor. Ond tebyg.

Saib.

– Cuspidor?

– Cuspidor. Ie, 'na ti. Mae e fel cuspidor.

– Peth. Peth ti'n poeri ynddo fe.

– Dyw hi ddim yn poeri. Am be' ti'n sôn? Dyw hi ddim yn priodi. Dyw hi ddim yn cael plant. A dyw hi'n bendant ddim / yn poeri.

– 'Sneb yn dweud bod hi'n poeri.

– Pam bydde gyda hi un o'r pethe yna ti'n poeri ynddo fe 'te?

– Do's dim. Ma' gyda hi rywbeth sy'n edrych fel rhywbeth / i boeri ynddo fe.

–   Iawn. OK 'te, beth yw *humidor*?

–   Ma' humidor yn air Sbaeneg. Fel matador.

–   Fel conquistador.

–   Bocs i gadw / sigârs yw e.

–   Bocs – ie, ti'n iawn – i gadw sigârs yw e.

Tawelwch.

–   Beth? Felly dyw hi ddim yn gweithio?

–   Ydy, *mae* hi'n gweithio.

–   Mae hi *wedi* gweithio.

–   Mae hi'n *gallu* gweithio.

–   Fe *wnaiff* hi weithio.

–   Wnaiff hi *ddim* gweithio.

–   Beth?

–   Wnaiff hi ddim gweithio.

–   Ond ma' sgiliau gyda hi.

–   O oes, ma' sgiliau gyda hi ond 'dyn nhw ddim fel petaen
    nhw'n addas ar gyfer ei byd hi. Dyw ei phrofiad hi ddim fel
    petai'n berthnasol iawn i'w byd hi. Y cyfan mae hi'n gallu'i
    wneud yw cerdded yn ddifeddwl o gwmpas y blwch llwch neu
    dynnu llyfrau ar hap o'r silffoedd.

– Gad i fi ddyfalu: clasuron.

– Ie, hollol – y clasuron y dylai hi fod wedi'u darllen pan oedd hi'n fyfyriwr, ugain, ddeng mlynedd ar hugain yn ôl.

– Ac fel bryd hynny, ugain neu ddeng mlynedd ar hugain yn ôl, dyw hi'n mynd dim pellach na'r cyflwyniad.

Chwerthin.

– Y darnau danlinellodd hi mewn beiro du sigledig.

– Y darnau – hollol – y tanlinellodd hi nhw â beiro du am ei bod hi'n credu'u bod nhw'n beth? Yn *ystyrlon?*

– Neu dyna ddysgodd hi.

– Sori?

– Dysgu hynny wnaeth hi, nid meddwl. Clywed wnaeth hi, *dysgu*'u bod / nhw'n ystyrlon.

– Wel – meddwl, dysgu, beth bynnag – y ffaith yw y byddai'n well ganddi sgimio.

– Ti'n meddwl, hynny yw, bod sgimio'n fwy addas yn ei byd / hi?

– Dyna ni, yn hollol: byddai'n well ganddi sgimio. Mae'n well ganddi ddarllen cyn lleied â phosib. Rhan o rysáit. Rhan o lythyr. Rhan / o erthygl.

– Rhan o rysáit. Rhan o lythyr sydd yn ateb i lythyr arall yn ymateb i erthygl dyw hi ddim wedi'i darllen.

– Pa erthygl oedd honno?

– Ddarllenodd hi ddim mohoni.

– Ddarllenodd hi ddim mohoni – iawn – ond allwn ni ddychmygu am beth oedd hi, na allwn ni?

– Y stori yna am yr actor.

– Y stori yna am y gwleidydd.

– Y peth yna am samwn ffresh.

– Y peth yna am y llofrudd. Y ffordd y trywanodd e fam y plentyn dri deg saith o weithiau wrth i'r plentyn gysgu.

– A'i blentyn ei hun oedd e.

– Nage, nid ei blentyn ei hun oedd e. Ond 'odd ei blentyn e' yna.

– Fe ddaeth e â'i blentyn ei hun i wylio.

– Fe ddaeth e â'i blentyn ei hun – ti'n iawn – i wylio wrth iddo fe lofruddio mam y plentyn arall.

– Pa beth oedd hwnna?

– Y samwn?

– Ie.

– Wel odd e'n sôn am y ffordd ma'r gair 'ffresh' yn cael ei ddefnyddio. Beth ma'r ffresh mewn brawddeg fel 'samwn ffresh' yn meddwl mewn gwirionedd.

– Hynny yw, ydy e'n gallu meddwl 'previously frozen'?

– Yn gwmws.
  'Nath e *beth*?

– Dod â'i blentyn ei hun. Fe ddaeth e â'i blentyn ei hun, yn ei byjamas, i wylio wrth iddo fe'i lladd hi. Ei thrywanu hi.

Tawelwch.

– Ac *ydy* e?

– Ydy e beth?

– Ydy e'n gallu meddwl 'previously frozen'.

Tawelwch.

Cyhoeddiadau Dalier Sylw

Y Cinio (Geraint Lewis)
Hunllef yng Nghymru Fydd
(Gareth Miles)
Epa yn y Parlwr Cefn (Siôn Eirian)
Wyneb yn Wyneb (Meic Povey)
"i" (Jim Cartwright – cyf. Cymraeg
John Owen)
Fel Anifail (Meic Povey)
Croeso Nôl (Tony Marchant
– cyf. Cymraeg John Owen)
Bonansa! (Meic Povey)
Tair (Meic Povey)

Cyhoeddiadau Sgript Cymru

Diwedd y Byd / Yr Hen Blant
(Meic Povey)
Art and Guff (Catherine Treganna)
Crazy Gary's Mobile Disco
(Gary Owen)
Ysbryd Beca (Geraint Lewis)
Franco's Bastard (Dic Edwards)
Dosbarth (Geraint Lewis)
past away (Tracy Harris)
Indian Country (Meic Povey)
Diwrnod Dwynwen
(Fflur Dafydd, Angharad Devonald,
Angharad Elen, Meleri Wyn James,
Dafydd Llywelyn, Nia Wyn Roberts)
Ghost City (Gary Owen)
AMDANI! (Bethan Gwanas)
Community Writer 2001-
2004 (Robert Evans, Michael
Waters ac eraill)
Drws Arall i'r Coed
(Gwyneth Glyn, Eurgain Haf,
Dyfrig Jones, Caryl Lewis,
Manon Wyn)
Crossings (Clare Duffy)
Life of Ryan... and Ronnie
(Meic Povey)
Cymru Fach (Wiliam Owen Roberts)
Orange (Alan Harris)

Hen Bobl Mewn Ceir (Meic Povey)
Aqua Nero (Meredydd Barker)
Buzz (Meredydd Barker)

Cyhoeddiadau Sherman Cymru

Maes Terfyn (Gwyneth Glyn)
The Almond and The Seahorse
(Kaite O'Reilly)
Yr Argae (Conor McPherson –cyf.
Cymraeg Wil Sam Jones)
Amgen : Broken (Gary Owen)

Ar gael o:
Sherman Cymru, Ffordd Senghennydd,
Caerdydd, CF24 4YE
029 2064 6901